AF542172

EDMOND ROSTAND

CHANTECLER

PIÈCE EN QUATRE ACTES, EN VERS

DEUXIÈME MILLE

PARIS
LIBRAIRIE CHARPENTIER ET FASQUELLE
EUGÈNE FASQUELLE, ÉDITEUR
11, RUE DE GRENELLE, 11

1910

CHANTECLER

Eugène FASQUELLE, Éditeur, 11, rue de Grenelle, PARIS

OUVRAGES DU MÊME AUTEUR

Les Musardises, poésies . . . . *Épuisé.*

Les Romanesques, 43ᵉ mille, comédie en 3 actes, en vers **3 50**

La Princesse Lointaine, 41ᵉ mille, pièce en 4 actes, en vers . . . . **2 »**

La Samaritaine, 42ᵉ mille, évangile en 3 tableaux, en vers **3 50**

Cyrano de Bergerac, 365ᵉ mille, comédie héroïque en 5 actes, en vers **3 50**

Pour la Grèce, poésie . . . . *Épuisé.*

L'Aiglon, 271ᵉ mille, drame en 6 actes, en vers . . **3 50**

Un Soir à Hernani, poésie . . . . **1 »**

Discours de réception à l'Académie française . . . . **1 »**

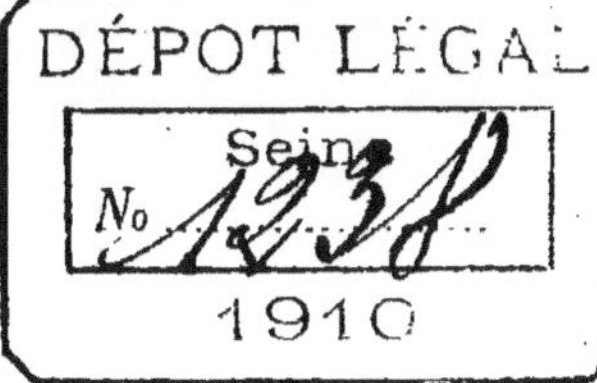

EDMOND ROSTAND

CHANTECLER

PIÈCE EN QUATRE ACTES, EN VERS

Représentée pour la première fois
au Théatre de la Porte-Saint-Martin, le 7 février 1910

DEUXIÈME MILLE

PARIS
Librairie CHARPENTIER et FASQUELLE
EUGÈNE FASQUELLE, ÉDITEUR
11, RUE DE GRENELLE, 11

1910

IL A ÉTÉ TIRÉ

Mille exemplaires de format in-8°, numérotés de 1 à 1000,
sur papier impérial du Japon
avec une couverture en relief de René Lalique
et le fac-simile d'un dessin colorié de Edmond Rostand

Ces exemplaires, les seuls imprimés sur les caractères mobiles,
forment le premier mille de
Chantecler.

A MON FILS JEAN

PERSONNAGES :

CHANTECLER	MM. Lucien Guitry.
PATOU.	Jean Coquelin.
Le MERLE	Félix Galipaux.
Le PAON.	Dauchy.
Le ROSSIGNOL.	Mme Marthe Mellot.
Le GRAND-DUC	MM. Dorival.
Le CHAT-HUANT	Renoir.
Le Petit SCOPS.	Mosnier.
Le COQ de combat	Sydney.
Le CHIEN de chasse.	Mosnier.
Un PIGEON voyageur	Laumonier.
Le PIVERT.	Walter.
Le CHAT.	Chabert.
Le DINDON.	Harment.
Le CANARD	Suarez.
Le PINTADEAU.	Déan.
Le JARS	Adam.
Un CHAPON	Person.
Un POULET	Talmont.
Un AUTRE POULET.	Plan.
Un VIEUX POULET.	Danequin.
Un JEUNE COQ.	Jacob.
Trois POULETS sautillants. . . .	Gilbert.
. . .	Realt.
. . .	Arthus.
Le CYGNE	Jacquin.
L'HUISSIER-PIE	Nattier.
Le COUCOU	Thomen.
Premier LAPIN	Laurier.
Deuxième LAPIN	Dutain.
Deux POUSSINS.	Petite Renée Pré.
. . . .	Petit Guerrier.

Les NOCTURNES	MM.	Gravier.
		Lomon.
		Leroy.
		Bernay.
		Lévy.
		Mignard.
		Guillaume, etc.
Les COQS	MM.	Latour.
		Mollin.
		Dumain.
		Morel.
		Rey.
		Dombreval.
		Totah.
		Lindey.
		Jarnac.
		Lautey, etc.
Les CRAPAUDS		Dorival.
		Mosnier.
		Renoir.
		Harment.
		Dombreval.
		Pally, etc.
La FAISANE	Mmes	Simone.
La PINTADE		Leriche.
La VIEILLE POULE		Bouchetal.
La POULE BLANCHE		Carmen Deraisy.
La POULE GRISE		Lorsy.
La POULE NOIRE		Fabre.
La POULE BEIGE		Suzanne Henner.
La POULE de HOUDAN		Deréval.
La DINDE		Frédérique Fabre.
L'OIE		Deroy.
La TAUPE		Guillaumin.
La FAUVETTE des JARDINS		Sephora Mossé.
La FAUVETTE des ROSEAUX		Uziago.
Une ARAIGNÉE		Douny.

Un Héron, un Pigeon, un Cobaye.

Animaux de la basse-cour.

Bêtes de la Forêt.

Les Lapins, les Oiseaux, les Abeilles, les Guêpes, les Cigales.

Les Voix.

PRÉLUDE

PRÉLUDE

On frappe les trois coups. Le rideau frissonne et commence à se lever. À ce moment, un cri éclate dans la salle : « Pas encor! » Et

LE DIRECTEUR DU THÉATRE,

jaillissant de son avant-scène, saute dans l'orchestre. C'est un homme important et en habit noir, qui court vers la scène en répétant :

Pas encor!

Le rideau retombe. Le Directeur se tourne vers le public. Et comme il s'est appuyé un instant à la boîte du souffleur, il se met à parler en vers.

Le rideau, c'est un mur qui s'envole!
Et quand un mur va s'envoler, qu'on en est sûr,
On ne saurait avoir d'impatience folle;
Et c'est charmant d'attendre en regardant ce mur!

C'est charmant d'être assis devant un grand mur rouge
Qui frissonne au-dessous d'un masque et d'un bandeau!
Ah! le meilleur moment, c'est quand le rideau bouge
Et qu'on entend du bruit derrière le rideau!

Or, ce bruit, nous voulons que, ce soir, on l'écoute,
Et, pour se mettre un peu, déjà, dans le décor,
Qu'on rêve, en l'écoutant.

Penché, le Directeur tend l'oreille aux bruits qui commencent à venir de la scène.

Un pas... est-ce une route?
Une aile... est-ce un jardin?

Et comme le rideau palpite, il crie précipitamment :

Ne levez pas encor!

Penché de nouveau, l'oreille tendue, il continue, notant les bruits, vagues ou précis, mêlés ou distincts, qui ne vont plus cesser d'arriver à travers la toile.

Une pie, en jetant son cri, prend la volée,
Et l'on entend courir de gros sabots de bois :
C'est une cour... mais qui domine une vallée
Puisqu'on entend monter des chants et des abois.

Voici que peu à peu l'action se situe.
Rien ne crée aussi bien l'atmosphère qu'un son.
— Une vague clarine a tinté, puis s'est tue :
Puisqu'une chèvre broute, il y a du buisson.

Il doit même y avoir un arbre dans la brise
Puisqu'un bouvreuil dit l'air qu'il a dans le gosier.
Et puisqu'un merle siffle une chanson apprise,
Il faut bien qu'il y ait une cage d'osier.

Le bruit qu'en remuant fait une carriole...
Le bruit pesant d'un seau qui remonte trop plein...
Le bruit léger d'un toit qui joue à pigeon-vole...
Oui, c'est bien une cour de ferme ou de moulin.

De la paille s'agite; un loquet se déclenche :
On est près d'une étable ou d'un grenier à foin.
La cigale : il fait beau. Des cloches : c'est dimanche.
Deux geais ont ricané : la forêt n'est pas loin.

Chut! Avec tous les bruits d'un beau jour, la Nature
Fait une rumeur vaste et compose en rêvant
Le plus mystérieux des morceaux d'ouverture,
Orchestré par le soir, la distance et le vent!

Et tous ces bruits — chanson d'une fille qui passe, —
Rires d'enfants scandés au trot des bourriquots, —
Coups de fusil lointains, — notes de cor de chasse, —
Oui, tous ces bruits sont bien des bruits dominicaux.

Une fenêtre s'ouvre. Une porte se ferme.
On entend les grelots du vieux harnais frémir.
N'est-ce pas qu'on la voit, la vieille cour de ferme?
Le chien dort, et le chat fait semblant de dormir.

Dimanche! Les fermiers vont partir pour la fête.
Le vieux cheval piétine.

UNE VOIX RUDE, derrière la toile, parmi des piaffements.

Ho! la Grise!

UNE AUTRE VOIX, comme appelant quelqu'un qui s'attarde.

Viens-tu?
On rentrera très tard cette nuit.

UNE VOIX IMPATIENTE.

Es-tu prête?

UNE AUTRE VOIX.

Mets la barre aux volets.

UNE VOIX D'HOMME.

Oui.

UNE VOIX DE FEMME.

Mon ombrelle!...

UNE VOIX D'HOMME, dans un claquement de fouet.

Hu!

LE DIRECTEUR.

La carriole, au bruit du vieux harnais qui sonne,
S'éloigne en secouant des chansons... Un tournant
Casse en deux le refrain... Il n'y a plus personne.
Nous pouvons commencer la pièce maintenant.

Malebranche dirait qu'il n'y a plus une âme :
Nous pensons humblement qu'il reste encor des cœurs.
Les hommes avec eux n'emportent pas le drame :
On peut rire et souffrir pendant qu'ils sont ailleurs.

Il prête encore l'oreille.

Un gros bourdon velu qui de bruit s'enveloppe
Tourne... et plus rien : il vient d'entrer dans une fleur.
Nous pouvons commencer. C'est la bosse d'Ésope
Qui remplace ce soir la boîte du souffleur.

Nos personnages sont petits, mais...

Criant vers les frises.

Alexandre!

Au public.

C'est mon chef machiniste...

Criant de nouveau.

Envoyez!

UNE VOIX, des frises.

Ça descend!

LE DIRECTEUR.

Entre la scène et vous nous avons fait descendre
L'invisible rideau d'un verre grossissant.

Il écoute encore.

Mais voici que déjà s'accordent dans la brume
Des stradivarius aux archets de cristal :
Chut! Il faut maintenant que la rampe s'allume,
Car les petits grillons sont partis au signal

D'un chef d'orchestre brun qui se lisse une antenne !
— Frrrt ! Le bourdon ressort, secouant du pollen.
Une poule survient, comme dans La Fontaine.
Un coucou chante au loin, comme dans Beethoven.

Chut ! Il faut maintenant que le lustre pâlisse,
Car le mystérieux avertisseur des bois
Dont l'appel semble fuir de coulisse en coulisse
A, pour nous avertir, chanté trois fois deux fois !

Et puisque la Nature entre dans notre rêve,
Puisque pour régisseurs nous avons les coucous,
Chut !... il faut maintenant que le rideau se lève,
Car le bec d'un pivert a frappé les trois coups !

Le rideau se lève.

ACTE PREMIER

LE SOIR DE LA FAISANE

LE DÉCOR

Intérieur d'une cour de ferme.

Les bruits nous l'ont décrit d'une façon exacte.
Portail croulant. Mur bas fleuri d'ombelles. Foin.
Fumier. Meule de paille. Et la campagne au loin.
Les détails vont se préciser au cours de l'acte

Sur la maison, glycine en mauve cataracte.
La niche du vieux chien de garde, dans un coin.
Épars, tous les outils dont la Terre a besoin.
Des poules vont, levant un pied qui se contracte.

Un merle dans sa cage. Une charrette. Un puits.
Canards. Soleil. Parfois une aile bat, et puis
Une plume, un instant, vole, toute petite.

Des poussins, pour un ver, se disputent entre eux.
Le dindon porte au bec sa rouge stalactite.
— Silence chaud, rempli de gloussements heureux.

SCÈNE PREMIÈRE

Toute la Basse-Cour, POULES, POULETS, se promenant ou montant et descendant la petite échelle du poulailler, POUSSINS, CANARDS, DINDONS, etc.; LE MERLE dans sa cage qui est accrochée parmi les glycines; LE CHAT endormi sur le mur; puis UN PAPILLON sur les fleurs.

LA POULE BLANCHE, picorant.

Ah! c'est exquis!

UNE AUTRE POULE, accourant.

Que croquez-vous?

TOUTES LES POULES, accourant.

Que croque-t-elle?

LA POULE BLANCHE.

C'est ce petit insecte appelé cicindèle
Qui parfume le bec de rose et de jasmin!

LA POULE NOIRE, arrêtée devant la cage du Merle.

Vraiment, ce Merle siffle avec l'art...

LA POULE BLANCHE.

D'un gamin!

LE DINDON, rectifiant avec solennité.

D'un gamin qui serait un pâtre de Sicile!

LE CANARD.

Il ne finit jamais son air...

LE DINDON.

C'est trop facile,
Finir!

Il chantonne l'air que siffle le Merle.

« Qu'il fait donc bon cueillir... cueillir... » Canard,
Sache qu'il faut savoir ne pas finir, en art!
« Cueillir... » Bravo!

Le Merle sort, et, posé sur une branche de glycine, salue.

UN POUSSIN, étonné.

Il sort?

LE MERLE, saluant.

Oui, quand le public vibre.
Je suis apprivoisé!

Il rentre.

LE POUSSIN.

Mais sa cage?

LE DINDON.

Il est libre
D'en sortir brusquement et d'y rentrer soudain,
Car la porte n'a pas de ressort à boudin.
« ...Cueillir! » ...Ce n'est plus rien si l'on dit ce qu'on cuei

LA POULE NOIRE, apercevant le Papillon posé sur les fleurs qui, au fond, dépassent le mur.

Oh! le beau papillon!

LA POULE BLANCHE.

Où?

LA POULE NOIRE.

Sur le chèvrefeuille!

LE DINDON, doctoral.

Ce papillon s'appelle un Mars.

LE POUSSIN, suivant des yeux le Papillon.

Ah! sur l'œillet!

LA POULE BLANCHE, au Dindon.

Un Mars! Pourquoi?

LE MERLE, passant sa tête entre les barreaux.

Mais parce qu'il vient en juillet!

LA POULE BLANCHE.

Ce Merle... il est roulant!

LE DINDON, hochant la tête.

Mieux que roulant, ma chère!

UNE AUTRE POULE, regardant le Papillon.

C'est chic, un papillon!

LE MERLE.

C'est très facile à faire :
On prend un W qu'on met sur un Y.

UNE POULE, ravie.

Il dessine une charge en quatre coups de bec!

LE DINDON.

Il fait mieux que charger, il schématise! Poule,
Ce Merle veut qu'on pense au moment qu'on se roule :
C'est un Maître qui se déguise en basochien!

UN POUSSIN, à une poule.

Maman, pourquoi le Chat déteste-t-il le Chien?

LE MERLE, passant sa tête entre les barreaux.

Mais parce qu'il lui prend son fauteuil au théâtre!

LE POUSSIN, surpris.

Ils ont un théâtre?

LE MERLE.

Oui. De féerie.

LE POUSSIN.

Hein?

LE MERLE.

C'est l'âtre,
Où tous deux veulent voir la Bûche-au-Bois-Dormant
Rougir de s'éveiller près du Prince Sarment!

LE DINDON, lourdement ébloui de ces prétendues légèretés.

Comme il sait indiquer que les haines de races
Ne sont jamais, au fond, que des haines de places!
Il est très fort!

LA POULE BEIGE, à la Poule Blanche, qui picore.

Tu prends du piment?

LA POULE BLANCHE.

Oui, beaucoup.

LA POULE BEIGE.

Pourquoi?

LA POULE BLANCHE.

Ça fait rosir le plumage.

LA POULE BEIGE.

Ah?...

ON ENTEND CHANTER AU LOIN.

Coucou!

LA POULE BLANCHE.

Tiens!

LE CHANT AU LOIN.

Coucou!

LA POULE BLANCHE.

Le Coucou!

UNE POULE GRISE, accourant, fébrile.

Lequel? Celui qui loge
Dans les bois, ou celui qui loge dans l'horloge?

LE CHANT, PLUS LOIN.

Coucou!

LA POULE BLANCHE, ayant écouté.

Celui des bois.

LA POULE GRISE, respirant.

Ah! je craignais d'avoir
Manqué l'autre!

LA POULE BLANCHE, se rapprochant.

C'est vrai, tu l'aimes?

LA POULE GRISE, mélancolique.

Sans le voir!
Il habite un chalet pendu dans la cuisine
Au-dessus du fusil et de la limousine.
Dès qu'il chante, j'accours... mais je n'arrive, hélas!
Que pour le voir fermer son petit vasistas!
Ce soir, je vais rester sur le seuil.

Elle se met sur le seuil de la porte.

UNE VOIX.

Poule Blanche!

SCÈNE II

LES MÊMES, UN PIGEON sur le toit, puis CHANTECLER.

LA POULE BLANCHE, regardant autour d'elle par mouvements de tête saccadés.

Qui m'appelle?

LA VOIX.

Un pigeon!

LA POULE BLANCHE, cherchant.

Où?

LE PIGEON.

Sur le toit qui penche!

LA POULE BLANCHE, levant la tête et l'apercevant.

Ah!

LE PIGEON.

Bien que d'un billet pressé je sois porteur,
Je m'arrête. Bonjour, poule.

LA POULE BLANCHE.

Bonjour, facteur.

LE PIGEON.

Oui, puisque mon service aux Postes de l'Espace
Fait qu'en ce soir d'été par votre ciel je passe,
Je serais bien heureux de pouvoir...

LA POULE BLANCHE, qui aperçoit un grain.

Un moment!

UNE AUTRE POULE, courant curieusement vers elle.

Que croquez-vous?

TOUTES LES POULES, accourant.

Que croque-t-elle?

LA POULE BLANCHE.

Du froment.

LA POULE GRISE, *reprenant sa conversation, à la Poule Blanche.*

Donc, ce soir, sur le seuil il faut que je demeure...

Elle montre la porte de la maison.

LA POULE BLANCHE, *regardant la porte.*

La porte est close!

LA POULE GRISE.

Oui, mais j'entendrai sonner l'heure,
Et pour voir le Coucou je passerai le cou...

LE PIGEON, *appelant, impatienté.*

Poule Blanche!

LA POULE BLANCHE.

Un moment!

A l'autre poule.

Et pour voir le Coucou
Tu passeras le cou par où?...

LA POULE GRISE, *désignant le trou rond qui est au bas de la porte.*

Par la chatière!

LE PIGEON, *criant.*

Vous me laissez le bec dans l'eau de la gouttière!
Hé! la plus blanche des poules!

LA POULE BLANCHE, *sautillant vers lui.*

Tu me disais?...

LE PIGEON.

Que je serais...

LA POULE BLANCHE, *avec une révérence.*

Quoi donc, le plus bleu des bisets?

LE PIGEON.

Bien heureux si... — mais non, l'audace est indiscrète... —
Je pouvais voir...

LA POULE BLANCHE.

Quoi?

LE PIGEON, *ému.*

Rien qu'un instant...

TOUTES LES POULES, *impatientées.*

Quoi?

LE PIGEON.

Sa crête!

LA POULE BLANCHE, *aux autres, en riant.*

Ah! il veut voir...

LE PIGEON, *très excité.*

Mais oui, je veux voir...

LA POULE BLANCHE.

Calme-toi!

LE PIGEON.

J'attends en trépignant!

LA POULE BLANCHE.

Il abîme le toit!

LE PIGEON.

C'est que nous l'admirons!

LA POULE BLANCHE.

Tout le monde l'admire!

LE PIGEON.

Et j'ai promis à ma pigeonne de lui dire
Comment il est.

LA POULE BLANCHE, *tout en picorant.*

Superbe, on ne peut le nier.

LE PIGEON.

Nous l'entendons chanter de notre pigeonnier!
C'est Celui dont le chant tient plus au paysage
Qu'à la pente d'un mont la blancheur d'un village,
Car toujours au lointain sa voix se mêle un peu;
C'est Celui dont le cri perce l'horizon bleu
Comme une aiguille d'or qui toujours enfilée
Coudrait au bord du ciel le bord de la vallée.
C'est le Coq!

LE MERLE, *allant et venant dans sa cage.*

Pour lequel tous les cœurs font toc-toc!

UNE POULE.

Notre Coq!

LE MERLE, passant sa tête entre les barreaux.

Mon, ton, son, notre, votre et leur Coq!

LE DINDON, au Pigeon.

Il va bientôt rentrer de sa ronde champêtre.

LE PIGEON.

Ah! vous le connaissez, Monsieur?

LE DINDON, important.

Je l'ai vu naître.
Ce poussin — car pour moi c'est toujours un poussin! —
Venait prendre chez moi sa leçon de buccin.

LE PIGEON.

Ah! vraiment, vous donnez des leçons de?...

LE DINDON.

Sans doute.
Je peux apprendre à coqueriquer : je glougloute!

LE PIGEON, avidement.

Où donc est-il né?

LE DINDON, désignant un vieux panier à couvercle, usé et percé.

Dans ce vieux panier.

LE PIGEON.

Et la
Poule qui l'a couvé vit encore?

LE DINDON.

Elle est là.

LE PIGEON.

Où?

LE DINDON.

Dans ce vieux panier.

LE PIGEON, de plus en plus intéressé.

De quelle race est-elle?

LE DINDON.

C'est une bonne, vieille et traditionnelle

Poule gasconne, née aux environs de Pau.

LE MERLE, passant sa tête.

C'est celle qu'Henri Quatre a voulu mettre au pot.

LE PIGEON.

Avoir couvé ce Coq... qu'elle doit être fière!

LE DINDON.

Oui, d'une humble fierté de maman nourricière.
Son cher poussin — c'est là tout ce qu'elle comprend —
Devient grand!... et quand on lui dit qu'il devient grand,
Sa raison presque éteinte un instant se réveille.

Il crie vers le panier.

Hé! la vieille, il grandit!

TOUTES LES POULES.

Il grandit!

Aussitôt, on voit se soulever le couvercle du panier et surgir une vieille tête ébouriffée.

LE PIGEON, à la Vieille Poule, avec attendrissement.

Hé! la vieille,
Ça vous fait donc plaisir qu'il grandisse?

LA VIEILLE POULE, hochant la tête, et sentencieusement.

Pardi!
Le blé de mercredi fait honneur à mardi!

Elle disparaît. Le couvercle retombe.

LE DINDON.

De temps en temps, elle ouvre, et, crac! avant de clore,
Elle laisse tomber une fleur de folk-lore,
Un dicton qu'elle invente et qui sent le patois...

LE PIGEON, à la Poule Blanche.

Poule Blanche!

LE DINDON, en remontant.

...Et qui tombe assez bien quelquefois!

LA VIEILLE POULE, qui a reparu un instant derrière lui.

Quand le paon n'est pas là, le dindon fait la roue.

Le Dindon se retourne : le couvercle est déjà retombé.

LE PIGEON, à la Poule Blanche.

Est-ce vrai que jamais Chantecler ne s'enroue?

LA POULE BLANCHE, picorant toujours.

C'est vrai!

LE PIGEON, avec un enthousiasme croissant.

Vous êtes fiers d'avoir sous ces ormeaux
Un coq qui comptera parmi les Animaux
Illustres, dont le nom vivra dans plusieurs lustres!

LE DINDON.

Très fiers! très fiers!

A un petit poussin.

Quels sont les Animaux Illustres?

LE POUSSIN, récitant.

Le pigeon de Noé, le barbet de Saint-Roch,
Le cheval de Cali...

LE DINDON.

Cali?...

LE POUSSIN, cherchant.

Cali...

LE PIGEON.

Ce coq,
Est-ce vrai que son chant rythme, active, guerroie,
Fait rire le travail et fuir l'oiseau de proie?

LA POULE BLANCHE, picorant.

C'est vrai!

LE POUSSIN, cherchant toujours.

Cali... Cali...

LE PIGEON.

Poule Blanche, est-ce vrai
Que son chant, défenseur de l'œuf tiède et sacré,
Empêcha bien souvent l'onduleuse belette
D'avoir à son plastron des taches...

LE MERLE, passant sa tête entre les barreaux.

D'omelette?

LA POULE BLANCHE.

C'est vrai!

LE POUSSIN, cherchant toujours.

Cali...

LE DINDON, pour l'aider.

Gu?...

LE POUSSIN.

Gu...

LE PIGEON.

Poule, est-ce vrai...

LE POUSSIN, bondissant de joie d'avoir trouvé.

Gula!

LE PIGEON.

...Que, pour chanter si bien, on suppose qu'il a
Un secret... un secret qui rend sa voix si rouge
Qu'à son cocorico le coquelicot bouge
Comme s'il s'entendait appeler par son nom?

LA POULE BLANCHE, un peu fatiguée par ces questions.

C'est vrai!

LE PIGEON.

Ce grand secret, nul ne le connaît?

LA POULE BLANCHE.

Non!

LE PIGEON.

Il ne le dit pas même à sa poule?

LA POULE BLANCHE, rectifiant.

A ses poules!

LE PIGEON, un peu scandalisé.

Ah! il en a plusieurs?

LE MERLE.

Il chante. Tu roucoules!

LE PIGEON.

Même à sa favorite, alors, il ne dit rien?

LA POULE DE HOUDAN, vivement.

Oh! rien!

LA POULE BLANCHE, aussi vivement.

Rien!

LA POULE NOIRE, aussi vivement

Rien!

LE MERLE, passant sa tête entre les barreaux.

Silence! un drame aérien!
Le Papillon, piaffant comme un petit Pégase,
N'a pas vu...

On aperçoit, dépassant le mur, un grand filet vert, qui s'approche tout doucement du Papillon posé sur une des fleurs.

UNE POULE.

Qu'est cela?

LE DINDON, solennel.

C'est le Destin!

LE MERLE.

En gaze!

LA POULE BLANCHE.

Oh!... un filet!... au bout d'un bambou...

LE MERLE.

Ce bambou
Se termine par un bambin à l'autre bout!

A mi-voix, en regardant le Papillon.

Muscadin qui toujours vers d'autres roses cingles,
Tu vas être tiré ce soir à quatre épingles!

TOUT LE MONDE, suivant par-dessus le mur l'approche lente du filet.

Palpitant! — Ça s'approche! — Oui! — Poco a poco!
— Chut! — Prendra! — Prendra pas! — Prendra!...

Le Papillon va être pris. Mais

ON ENTEND TOUT A COUP AU LOIN.

Cocoric

Averti par ce cri, le Papillon s'envole. Le filet se balance un moment désappointé, puis disparaît.

PLUSIEURS POULES.

Hein? — Quoi? — Qu'est-ce?

UNE POULE, qui, sautée sur une brouette, suit le vol du Papillon.

Il est loin déjà dans la prairi

LE MERLE, avec une emphase ironique.

C'est Chantecler qui fait de la chevalerie!

LE PIGEON, très ému.

Chantecler!

UNE POULE.

Sur le mur...: il vient!

UNE AUTRE POULE.

Il est tout près!

LA POULE BLANCHE, au Pigeon.

Oh! tu vas voir, c'est un beau coq!

LE MERLE, passant sa tête entre les barreaux.

D'ailleurs, c'est très
Facile à faire, un coq!

LE DINDON, plein d'admiration.

Ce Merle est d'une force!

LE MERLE.

Vous prenez un melon, de Honfleur, pour le torse.
Pour les deux jambes, deux asperges, d'Argenteuil.
Pour la tête, un piment, de Bayonne. Pour l'œil,
Une groseille, de Bar-le-Duc. Pour la queue,
Un poireau, de Rouen, tordant sa gerbe bleue.
Pour l'oreille, ô Soissons! un petit haricot.
Ça y est. C'est un coq!

LE PIGEON, doucement.

Moins le cocorico!

LE MERLE, lui montrant Chantecler qui paraît sur le mur.

Oui. Mais sauf ce détail tu vois que ça ressemble?

LE PIGEON.

Pas du tout!

Et regardant Chantecler d'un œil tout autre que celui du Merle :

Moi, je vois, sous un cimier qui tremble,
Venir le Chevalier superbe de l'Été,
Qui pour se draper d'or semble avoir emprunté
A quelque char du soir où la moisson vacille
Sa cape, qu'il retrousse avec une faucille!

CHANTECLER, sur le mur, dans un long soupir guttural.

Cô...

LE MERLE.

Quand il fait ce bruit dans sa gorge, en marchant,
C'est qu'il aime une poule ou qu'il médite un chant.

CHANTECLER, *immobile sur le mur, la tête haute.*

Flambe!... Illumine!...

LE MERLE.

Il dit des mots sans suite!

CHANTECLER.

Embrase!

UNE POULE.

Il s'arrête, une patte en l'air...

CHANTECLER, *avec une sorte de râle de tendresse.*

Cô...

LE MERLE.

C'est l'extase!

CHANTECLER.

Ton or est le seul or qui soit de bon conseil!
— Je t'adore!

LE PIGEON, *à mi-voix.*

A qui donc parle-t-il?

LE MERLE, *d'un ton gouailleur.*

Au soleil!

CHANTECLER.

Toi qui sèches les pleurs des moindres graminées,
Qui fais d'une fleur morte un vivant papillon,
Lorsqu'on voit, s'effeuillant comme des destinées,
Trembler au vent des Pyrénées
Les amandiers du Roussillon,

Je t'adore, Soleil! ô toi dont la lumière,
Pour bénir chaque front et mûrir chaque miel,
Entrant dans chaque fleur et dans chaque chaumière,
Se divise et demeure entière
Ainsi que l'amour maternel!

Je te chante, et tu peux m'accepter pour ton prêtre,
Toi qui viens dans la cuve où trempe un savon bleu,
Et qui choisis souvent, quand tu vas disparaître,
L'humble vitre d'une fenêtre
Pour lancer ton dernier adieu!

LE MERLE, passant sa tête entre les barreaux.

Nous n'y couperons pas, mes enfants : c'est une ode.

LE DINDON, regardant Chantecler qui, par les degrés d'un tas de foin, descend du mur.

Il avance, plus fier..

UNE POULE, s'arrêtant devant une petite pyramide de fer-blanc.

Tiens! l'abreuvoir!

Elle boit.

Commode.

LE MERLE.

...Plus fier qu'un Toulousain qui chante : « *O moun Païs!* »

CHANTECLER, qui commence à marcher dans la cour.

Tu fais tourner...

TOUTES LES POULES, courant vers la Blanche.

Que croque-t-elle?

LA POULE BLANCHE.

Du maïs.

CHANTECLER.

Tu fais tourner les tournesols du presbytère,
Luire le frère d'or que j'ai sur le clocher,
Et quand, par les tilleuls, tu viens avec mystère,
Tu fais bouger des ronds par terre
Si beaux qu'on n'ose plus marcher!

Tu changes en émail le vernis de la cruche;
Tu fais un étendard en séchant un torchon;
La meule a, grâce à toi, de l'or sur sa capuche,
Et sa petite sœur la ruche
A de l'or sur son capuchon!

Gloire à toi sur les prés! Gloire à toi dans les vignes!
Sois béni parmi l'herbe et contre les portails!
Dans les yeux des lézards et sur l'aile des cygnes!
O toi qui fais les grandes lignes
Et qui fais les petits détails!

C'est toi qui, découpant la sœur jumelle et sombre
Qui se couche et s'allonge au pied de ce qui luit,
De tout ce qui nous charme as su doubler le nombre,
A chaque objet donnant une ombre
Souvent plus charmante que lui!

Je t'adore, Soleil! Tu mets dans l'air des roses,
Des flammes dans la source, un dieu dans le buisson!
Tu prends un arbre obscur et tu l'apothéoses!
O Soleil! toi sans qui les choses
Ne seraient que ce qu'elles sont!

LE PIGEON.

Bravo! J'en parlerai longtemps à ma pigeonne!

CHANTECLER l'aperçoit, et avec une noble courtoisie.

Jeune inconnu bleuâtre et dont le bec bourgeonne,
Merci! — Vous me mettrez à ses pieds de corail!

Le Pigeon s'envole.

LE MERLE.

Il faut soigner les admirateurs!

CHANTECLER, d'une voix cordiale, à la Basse-Cour.

Au travail,
Tous, gaîment!

Une mouche passe en bourdonnant.

Mouche active et sonore, je t'aime!
Regardez-la : son vol n'est qu'un don d'elle-même.

LE DINDON, supérieur.

Oui, mais dans mon estime elle a beaucoup perdu
Depuis l'histoire de...

CHANTECLER, allant vers lui.

De?...

LE DINDON.

De la Mouche du...

CHANTECLER.

Mais cette histoire-là m'a toujours paru louche!
Et qui sait si le coche eût monté sans la mouche?
Tu crois qu'il valut moins qu'un « hue! » ou qu'un « dia! »
Le psaume de soleil qu'elle psalmodia?
Tu crois à la vertu d'un juron qu'on décoche
Et que c'est le cocher qui fit monter le coche?
Non, non! elle a plus fait que le gros fouet claqueur,
La petite musique où bourdonnait un cœur!

LE DINDON.

Oui... mais...

CHANTECLER, lui tournant le dos.

De nos travaux, tous, faisons-nous des joies!
C'est l'heure de conduire au bord de l'eau vos oies,
Messieurs les Jars!

UN JARS, nonchalant.

Vraiment, vous croyez?

CHANTECLER, marchant sur lui.

Donc, les Jars,
Trêve aux cacardements oisifs et pateaugeards!

Les Jars sortent vivement.

Toi, vieux Poulet, tu sais qu'il faut que tu ramasses
Avant ce soir au moins tes trente-deux limaces!
— Toi, futur Coq, va-t'en chanter « Cocorico »
Quatre cents fois devant l'écho!

LE JEUNE COQ, un peu vexé.

Devant l'écho?

CHANTECLER.

C'est ainsi que j'appris à m'assouplir la glotte
Quand ma coquille encor me servait de culotte!

UNE POULE, prétentieuse.

Tout ça n'a pas beaucoup d'intérêt...

CHANTECLER.

Tout en a!
Veuillez aller couver les œufs qu'on vous donna!

La Poule sort vivement. — A une autre Poule.

Toi, va sous la verveine et sous la potentille
Gober tout ce qui ronge! Ah! ah! si la chenille
Croit qu'on va de nos fleurs lui faire des cadeaux,
Elle peut se brosser le ventre... avec son dos!

La Poule sort. — A une autre.

Toi, va sauver les choux qu'en de vieux coins incultes
La sauterelle assiège avec ses catapultes!

La Poule sort. — A toutes les Poules qui restent.

Vous...

Il aperçoit la Vieille Poule, dont la tête vient de soulever le couvercle du panier.

Tiens! bonjour, nounou!...

Elle le regarde avec admiration.

J'ai grandi?

LA VIEILLE POULE.

Tôt ou tard
Il faut que la grenouille émerge du têtard!

CHANTECLER.

Oui.

Le couvercle retombe. — Aux Poules, reprenant son ton de commandement.

Vous, alignez-vous! Vous irez, d'un pas preste,
Picorer dans les prés.

LA POULE BLANCHE, à la Grise.

Viens-tu?

LA POULE GRISE.

Tais-toi! Je reste,
Moi, pour voir le Coucou!

Elle se cache derrière le panier.

CHANTECLER.

La petite Houdan!
Vous avez l'air de vous aligner en boudant?

LA POULE DE HOUDAN, s'approchant.

Coq...

CHANTECLER.

Quoi?

LA POULE DE HOUDAN.

Moi que vous préférez...

CHANTECLER, vivement.

Chut!

LA POULE DE HOUDAN.

Ça m'irrite
De ne pas savoir...

LA POULE BLANCHE, qui s'est avancée de l'autre côté.

Coq...

CHANTECLER.

Quoi?

LA POULE BLANCHE, câline.

Moi, la favorite...

CHANTECLER, vivement.

Chut!

LA POULE BLANCHE.

Je voudrais savoir...

LA POULE NOIRE, qui s'est approchée doucement.

Coq...

CHANTECLER.

Quoi?

LA POULE NOIRE, câline.

Votre penchant
Pour moi...

CHANTECLER, vivement

Chut!

LA POULE NOIRE.

Dis-le-moi...

LA POULE BLANCHE.

...Le secret...

LA POULE DE HOUDAN.

...De ton chant?

Elle se rapproche de lui, et d'une voix curieuse :

Je crois que vous devez avoir dans la trachée
Une petite chose en cuivre.

CHANTECLER.

Oui, bien cachée.

LA POULE BLANCHE, même jeu.

Vous devez, comme on dit que font les grands ténors,
Avaler des œufs frais.

CHANTECLER.

Fichtre! Ugolin, alors?

LA POULE NOIRE, même jeu.

Peut-être que, vidant leurs coques en spirales,
Tu mets les escargots en pâtes...

CHANTECLER.

Pectorales?

Oui.

TOUTES LES TROIS.

Coq!...

CHANTECLER, brusquement.

Allez!

Toutes les Poules vont pour sortir : il les rappelle.

Deux mots!

Elles s'arrêtent.

Quand vos crêtes de sang,
Apparaissant, disparaissant, reparaissant,
Auront, là-bas, parmi la sauge et la bourrache,
L'air de coquelicots jouant à cache-cache,
Ne faites pas de mal aux vrais coquelicots!
Les bergères, comptant les mailles des tricots,
Marchent sur l'herbe, sans savoir qu'il est infâme
D'écraser une fleur même avec une femme :

Vous, mes Poules, soyez pleines de soins touchants
Pour ces fleurs dont le crime est de pousser aux champs
La carotte sauvage a le droit d'être belle.
Si sur la plate-forme exquise d'une ombelle
Marche un insecte rouge et pointillé de noir,
Cueillez le promeneur, mais non le promenoir!
Les fleurs d'un même champ sont des sœurs, il me semble,
Qui doivent sous la faulx tomber toutes ensemble.
Allez!

Elles vont pour sortir. Il les rappelle.

Et, vous savez, quand les poules vont aux...

UNE POULE, s'inclinant.

Champs...

CHANTECLER.

La première...

TOUTES LES POULES, s'inclinant.

Va devant!

CHANTECLER.

Allez!

Elles vont pour sortir. Les rappelant brusquement :

Deux mots

D'une voix grave.

Jamais en traversant la route on ne picore!

Les Poules s'inclinent.

— Vous pouvez traverser!

UNE TROMPE, au loin.

Pouh! pouh! pouh!

CHANTECLER, se précipitant devant elles, les ailes ouvertes.

Pas encore!

LA TROMPE, tout près, au milieu d'un ronflement terrible.

Pouh! pouh! pouh!

CHANTECLER, leur barrant le passage pendant que tout tremble.

Attendez!

LA TROMPE, très éloignée, dans le ronflement qui décroît.

Pouh! pouh! pouh!

CHANTECLER, leur laissant la route libre.

A présent

LA POULE GRISE, cachée.

On n'a pas pu me voir!

LA POULE DE HOUDAN, en sortant la dernière.

Comme c'est amusant!
Tout ce qu'on va manger va sentir le pétrole!

SCÈNE III

CHANTECLER, LE MERLE dans sa cage, LE CHAT toujours endormi sur le mur, LA POULE GRISE cachée derrière le panier de LA VIEILLE POULE.

CHANTECLER, à lui-même, après un temps.

Non, je n'appuierai pas sur une âme frivole
Ce secret dont la gloire est plus lourde qu'un roc.
Moi-même, oublions-le!

En secouant ses plumes.

Soyons gai d'être Coq!

Il piaffe de long en large.

Je suis beau. Je suis fier. Je marche. Je m'arrête.
J'esquisse une gambade ou de brusques écarts!
Et parfois il advient que par quelque amourette
Je scandalise la charrette
Qui lève au ciel ses deux brancards!

A demain les soucis! Mâchonnons un brin d'orge!
Soyons gai! Ce que j'ai sur la tête et sous l'œil
Est plus rouge, lorsqu'en marchant je me rengorge,
Que le foulard d'un rouge-gorge
Ou que le gilet d'un bouvreuil!

Il fait beau. Tout va bien. Je fanfare et je fringue.
Ayant fait mon devoir, je peux prendre cet air
Que mon ami le Merle appelle « à la Mélingue » ;
Et, mousquetaire et camerlingue,
Je peux...

UNE VOIX, terrible.

Prends garde, Chantecler !

CHANTECLER.

Quel est donc l'animal qui m'a crié : « Prends garde ? »

Un bruit de paille remuée se fait entendre dans la niche du chien.

SCÈNE IV

LES MÊMES, PATOU; UNE BÊTE passe de temps en temps.

PATOU, aboyant du fond de sa niche.

Moi! moi!

Il apparaît.

CHANTECLER, reculant.

C'est toi, Patou, bonne tête hagarde
Qui sors de l'ombre avec des pailles dans les yeux?

PATOU.

Oui! pour voir dans les tiens des poutrrrres!

CHANTECLER.

Furieux?

PATOU.

Rrrr...

CHANTECLER.

Quand il roule l'*R*, il est très en colère!

PATOU.

C'est par amour pour toi que je la roule, l'*Rrrr*...
Gardien de la maison, du jardin et du champ,
Ce que je dois surtout protéger, c'est ton chant!
Et je grogne au danger. C'est mon humeur.

CHANTECLER.

De dogue!

PATOU.

Tu fais des mots? Ça va très mal! Le psychologue
Que je suis sent le mal s'accroître.

Il renifle.

Et j'ai le flair
D'un ratier!

CHANTECLER.

Tu n'es pas un ratier.

PATOU, secouant la tête.

Chantecler,
Qu'en savons-nous?

CHANTECLER, le considérant.

C'est vrai que ta race est étrange.
Au fait, qu'es-tu?

PATOU.

Je suis un horrible mélange!
Je suis le chien total, fils de tous les passants!
J'entends japper en moi la voix de tous les sangs :
Griffons, mastiffs, briquets d'Artois ou de Saintonge,
Mon âme est une meute assise en rond, qui songe!
Coq, je suis tous les chiens, je les ai tous été.

CHANTECLER.

Ça doit faire une somme énorme de bonté!

PATOU.

Vois-tu, nous sommes faits pour nous entendre, frère!
Tu chantes le soleil et tu grattes la terre :
Moi, quand je veux m'offrir un instant sans pareil...

CHANTECLER.

Tu te couches par terre et tu dors au soleil!

PATOU, avec un petit jappement heureux.

Oui!

CHANTECLER.

Cette double amour nous fut toujours commune!

PATOU.

J'aime tant le soleil que je hurle à la lune;

Et j'adore à ce point le sol que, tout le temps,
Je fais des trous pour y fourrer mon nez dedans!

CHANTECLER.

Je sais! Cela désole assez la jardinière!
— Mais quels dangers vois-tu? Tout est calme et lumière,
Mon règne humble et doré n'a pas l'air menacé.

LA VIEILLE POULE, sortant la tête du panier.

L'œuf a l'air d'être en marbre avant d'être cassé!

Le couvercle retombe.

CHANTECLER, à Patou.

Quels dangers?

PATOU.

Ils sont deux. D'abord, dans cette cage...

On entend siffler le Merle.

CHANTECLER.

Eh bien?

PATOU.

Ce sifflotis.

CHANTECLER.

Que fait-il?

PATOU.

Il saccage!

CHANTECLER.

Quoi?

PATOU.

Tout!

CHANTECLER, ironique.

Ah! diable!

A ce moment, LE PAON, au loin, pousse un cri :

É...on!

PATOU.

Et puis ce cri...

LE PAON, plus lointain.

É...on!

PATOU, grinçant des dents.

...Plus faux à lui tout seul que tout un orphéon!

CHANTECLER.

Que t'ont fait ce siffleur et ce preneur de poses?

PATOU, bougon.

Ils m'ont fait que je sais qu'ils te feront des choses!
Ils m'ont fait que chez nous, bons et purs animaux,
Le Paon fait de l'esbroufe et le Merle des mots!
Que l'un, avec les goûts grotesques et postiches
Qu'il prit en paradant sur des perrons trop riches,
L'autre, avec le jargon nonchalamment voyou
Qu'il dut prendre en allant traîner je ne sais où,
L'un, commis voyageur du rire qui corrode,
Et l'autre, ambassadeur stupide de la Mode,
Chargés d'éteindre ici l'amour et le travail,
L'un à coups de sifflet, l'autre à coups d'éventail,
Ils nous ont apporté dans la lumière blonde
Ces deux fléaux, qui sont les plus tristes du monde :
Le mot qui veut toujours être le mot d'esprit,
Le cri qui veut toujours être le dernier cri!
— Toi qui sus préférer le vrai grain à la perle,
Comment te laisses-tu prendre à ce... vilain Merle?

On entend le Merle s'exercer à siffler : « Ah! qu'il fait donc bon... »

Un oiseau qui travaille un air!

CHANTECLER, indulgent.

Enfin... enfin...
Il siffle un air!

PATOU, concédant, dans un petit grognement qui s'allonge.

Ou...i. Mais pas jusqu'à la fin!

CHANTECLER, regardant sautiller le Merle.

Il est léger!

PATOU, même jeu.

Ou...i. Mais sur notre âme il pèse!
Un oiseau qui consent à faire du trapèze!

CHANTECLER

Et puis, voyons, il est intelligent

PATOU, dont le grognement s'allonge de plus en plus.

Ou...i.
Mais pas très : car son œil n'est jamais ébloui.
Il a, devant la fleur, dont il voit trop la tige,
Le regard qui restreint et le mot qui mitige.

CHANTECLER.

Mon cher, il a du goût.

PATOU.

Ou...i. Mais pas beaucoup!
Être noir, c'est avoir à coup trop sûr du goût :
Il faut savoir risquer des couleurs sur son aile!

CHANTECLER.

Enfin... sa fantaisie est assez personnelle.
Il est très drôle.

PATOU.

Ou... non! Drôle, parce qu'il prit
Quelques locutions qui remplacent l'esprit?
Qu'il croit inaugurer des syntaxes alertes,
Et qu'il dit : « On est des » pour : « Je suis un »? Non, certes!

CHANTECLER.

Il a de l'imprévu.

PATOU.

Facile, mais grossier.
Je ne crois pas qu'il soit extrêmement sorcier
De dire, lorsqu'on voit une vache qui broute :
« La vache la connaît dans les foins »; et je doute
Que d'un particulier génie on ait besoin
Pour répondre au canard : « Ça t'en bouche un coin-coin! »
La blague de ce Merle à qui je suis hostile
N'est pas plus de l'esprit que son argot du style!

CHANTECLER.

Il n'est pas tout à fait responsable. Il subit
Son costume moderne.

PATOU.

Ah?

CHANTECLER, lui montrant le Merle.

Il est en habit!
Il a l'air, dans son frac d'une coupe gentille...

PATOU.

Du petit croque-mort de la Foi, qui sautille.

CHANTECLER, riant.

Là! tu le fais plus noir qu'il n'est.

PATOU.

J'ai remarqué
Que le merle siffleur n'est qu'un corbeau manqué.

CHANTECLER.

Oui, mais sa petitesse...

PATOU, agitant terriblement ses oreilles.

Ah! méfions-nous d'elle!
Le mal, pour commencer, crée un petit modèle.
Ne prends pas des essais pour des diminutifs :
L'âme des coutelas rêve dans les canifs;
Le merle et le corbeau sont faits du même crêpe,
Et, jaune et noir, le tigre est déjà dans la guêpe!

CHANTECLER, amusé par la fureur de Patou.

Bref, le Merle est méchant, il est bête, il est laid...

PATOU.

Il est surtout... que l'on ne sait pas ce qu'il est.
Pense-t-il un instant? Sent-il une minute?
Tu! tu! tu!

CHANTECLER.

Mais quel mal fait-il?

PATOU.

Il *tututute!*
Et rien n'est plus fatal, pour qui pense et qui sent,
Que ce vil *tu-tu-tu* complexe et réticent!
Oui, chaque jour — voilà pourquoi je roule l'*Rrrr* —
J'entends baisser les cœurs et le vocabulaire.
Ah! c'est à devenir enragé!

CHANTECLER.

Mais, Patou!...

PATOU.

Selon leur mot ignoble, on rigole de tout;
Et moi, qui ne suis pas cependant un King-Charles,
Quand je dis quelque chose on me répond : « Tu parles! »
Oh! fuir! suivre un berger qui n'a rien dans son sac!
Mais, du moins, quand la nuit on lape l'eau du lac,
Avoir — ce qui vaut mieux que tous les os à moelles —
La fraîche illusion de boire les étoiles!

CHANTECLER, étonné de ce que Patou, sur les derniers mots, a baissé la voix.

Pourquoi parles-tu bas?

PATOU.

Oui, maintenant, tu vois,
Quand on parle d'étoile il faut baisser la voix.

Il met tristement sa tête sur ses pattes.

CHANTECLER, le consolant.

Voyons!

PATOU, se redressant.

Mais c'est trop bête et c'est trop lâche, en somme.
Je crierai si je veux.

Il hurle de toute sa voix.

Étoiles!...

Puis, comme soulagé.

Nom d'un homme!

DES POULETS, qui passent, au fond, ricanant.

Étoile! — A nous l'azur! — Étoile!

Ils s'éloignent en bouffonnant.

PATOU.

Écoute-les!
On entendra bientôt siffloter les poulets!

CHANTECLER, se promenant fièrement

Que m'importe! Je chante! et j'ai pour moi les poules!

PATOU.

Méfions-nous du cœur des poules — et des foules!

Tu cueilles trop le prix de tes cocoricos
Sur des becs!

CHANTECLER.

Mais l'amour, c'est la gloire en bécots!

PATOU.

Moi, je fus jeune aussi. J'eus ma beauté du diable...
Un œil incendiaire, un cœur incendiable.
Eh bien, je fus trompé. Pour un autre plus beau?
Non! elles m'ont trompé pour un sale cabot!

Rugissant tout d'un coup.

Trompé pour qui? pour qui? Le sais-tu?

CHANTECLER, reculant.

Tu m'effrayes!

PATOU.

Pour un basset qui se marchait sur les oreilles!

LE MERLE, qui a entendu les derniers cris de Patou, passant la tête à travers les barreaux de sa cage.

Comment! il crie encore à propos du basset?
Eh bien, quoi? tu le fus! L'être, qu'est-ce que c'est?
On l'est tous! C'est la négligeable contingence!
Et moi-même, malgré ma vive intelligence,
Tout en noir, mais trahi par mon bec jaune d'œuf,
Je ne suis qu'un cocu qui veut passer pour veuf!

PATOU.

Cette plaisanterie est au moins singulière.
Il est certains sujets, pourtant...

LE MERLE.

La muselière!

PATOU.

Mais toi qui te permets là-haut de tout railler,
Qu'es-tu donc?

LE MERLE

Je suis le titi du poulailler.

PATOU.

Et tu lui porteras malheur!

LE MERLE.

Tu vaticines?

Je descends!

En sautillant le long des branches tordues des glycines, il descend de sa cage.

On se tord, n'est-ce pas, les glycines?

PATOU, le voyant approcher.

Rrrr...

CHANTECLER

Chut! c'est un ami!

PATOU.

...Qui t'arrange en dessous!

CHANTECLER, au Merle.

On apprend du joli quand on parle de vous!

LA VIEILLE POULE, sortant la tête de son panier.

Qui touche un bois pourri voit sortir des cloportes!

Le couvercle retombe.

PATOU, à Chantecler.

Il fait des mots sur toi.

LE MERLE, à Patou.

Ah! bon chien, tu rapportes?

PATOU.

Il dit, lorsque ton cœur s'épuise en cris ardents,
Que c'est pour nous scier que ta crête a des dents!

CHANTECLER, au Merle.

Tu dis ça?

LE MERLE, ingénu.

Que veux-tu? ça ne peut pas te nuire,
Et les mots que l'on fait sur toi font toujours rire!

PATOU, au Merle.

Enfin, admirez-vous ou raillez-vous le Coq?

LE MERLE.

Je le blague en détail, mais je l'admire en bloc.

PATOU.

Tu picores toujours deux grains,

LE MERLE, montrant sa cage.

J'ai deux soucoupes!

PATOU.

Moi, je suis plus tranchant!

LE MERLE.

Tiens, parbleu! toi, tu coupes!
Tu n'es qu'un vieux barbet de Quarante-Huit! — Moi,
Je suis, dame! un oiseau très averti.

PATOU, brusquement, s'élançant vers lui, mais il est retenu par sa chaîne.

De quoi?
— File! ou ton croupion de noir deviendra rose.

Le Merle s'éloigne rapidement. Et Patou rentre dans sa niche en disant :

Maintenant il est averti de quelque chose!

CHANTECLER.

Calme-toi! C'est un air qu'il prend! La vérité,
C'est que, s'il était mis devant de la beauté,
Ce Merle applaudirait!

PATOU.

Pas des deux ailes, certe!
Qu'attendre d'un oiseau dont la cage est ouverte,
Qui voit le chèvrefeuille et le sempervirens,
Et rentre pour manger un vieux biscuit de Reims!

LE MERLE.

Il n'a pas l'air de s'en douter une minute :
Le pâle braconnier n'est qu'une sombre brute!

PATOU.

Je sais que les sous-bois sont pleins d'un or léger!

LE MERLE.

Oui : mais en un plomb vil cet or peut se changer.
La grive est un oiseau si grivois qu'il s'esbigne
De peur d'être rôti dans des feuilles de vigne;
Alors, faute de grive... Hé!... Il serait fâcheux
Que je fusse fauché par un vieux Lefaucheux!

PATOU.

Le grand cerf trouve-t-il sa forêt moins superbe
Parce que son sabot rencontre un soir dans l'herbe

Un débris de cartouche en train de se rouiller?

LE MERLE.

Non, mon vieux... mais le cerf n'est qu'un grand andouiller!

PATOU.

Oh!... Mais la liberté, sous l'œil des violettes!
L'amour!

LE MERLE.

Tout ça, c'est des vieilles escarpolettes,
Et qui ne valent pas mon trapèze en bois neuf!
O ma cage! signons le joyeux trois-six-neuf.
On est des ducs; on a de l'eau filtrée à boire;

Patou fait un mouvement pour s'élancer sur lui; il file en ajoutant :

Et tu peux m'envoyer au bain : j'ai ma baignoire!

CHANTECLER, légèrement impatienté.

Ah! pourquoi donc toujours descendre à des argots?

LE MERLE.

C'est pour vous faire un peu grimper sur des ergots.

PATOU, exaspéré.

Rrrr... De cette présence il est urgent qu'on purge...

LE MERLE.

On ne dit pas : « Il est urgent »; on dit : « Il urge! »

CHANTECLER.

Qu'est-ce que tous ces mots?

LE MERLE.

Mais c'est des mots très bien!
J'ai connu dans le temps un moineau parisien :
On parle comme ça rue Auber ou Saint-George!

CHANTECLER.

Moi, j'ai beaucoup connu le petit rouge-gorge
Qui fut pendant longtemps l'ami de Michelet :
Ce n'était pas du tout comme ça qu'il parlait!

LE MERLE.

Que veux-tu? j'ai l'esprit que mon siècle m'insuffle,
Et tout bec un peu chic se doit d'être un peu mufle!

PATOU.

Les voilà, leurs deux mots! J'écume! Ce loustic
Apporta le mot « mufle » et le Paon le mot « chic »!

CHANTECLER, dédaigneux.

Oh! le Paon!

PATOU, avec fureur.

Oui, le Paon!

LE MERLE, à Chantecler, lui montrant la gueule de Patou.

Les vois-tu, les écumes?

CHANTECLER.

Le Paon, qu'est-ce qu'il fait?

LE MERLE.

De l'œil avec ses plumes!

PATOU.

Son dandysme a troublé d'humbles cœurs plébéiens!

CHANTECLER.

A quoi vois-tu son influence?

PATOU.

A mille riens!

LA VIEILLE POULE, apparaissant.

La bulle de savon qui descend les rivières
Nous apprend qu'il y a, plus haut, des lavandières.

Le couvercle retombe.

CHANTECLER.

Je n'ai pas encor vu la moindre bulle qui...

PATOU, lui montrant un cochon d'Inde qui passe.

Tiens, vois ce cochon d'Inde.

CHANTECLER, le regardant.

Il est jaune.

LE COCHON D'INDE, rectifiant, d'un ton vexé.

Kaki!

CHANTECLER, à Patou.

Ka?...

PATOU.

Une bulle!...

Lui montrant un canard qui passe.

Et ce canard qui déambule..

CHANTECLER, regardant le canard, en riant.

Il va prendre son bain.

LE CANARD se retourne, et rectifiant sèchement.

Mon tub!

CHANTECLER, stupéfait.

Son?...

PATOU.

Une bulle!

A ce moment, dans la maison on entend

LE COUCOU DE L'HORLOGE sonner :

Coucou!.

LA POULE GRISE, quittant sa cachette et courant éperdument vers la chatière.

Lui!... Par la porte à Raminagrobis,
Enfin, je vais le voir!

Elle introduit sa tête dans le trou. Le Coucou ne chante plus.

Hélas! c'est trop tard!

Criant.

Bis!

CHANTECLER, qui s'est retourné au bruit.

Hein?

LA POULE GRISE, désespérée, dans la chatière.

Il ne sonne plus!

LE MERLE.

C'était une demie!

CHANTECLER, brusquement, arrivé derrière la Poule Grise.

Vous n'êtes pas aux champs?

LA POULE GRISE, se retournant avec effroi.

Dieu!

CHANTECLER.

Que fait-on, ma mie,
Là, dans cette chatière?

LA POULE GRISE, troublée.

Oh! j'allongeais le cou...

CHANTECLER.

Pour voir qui?

LA POULE GRISE, de plus en plus troublée.

Oh!

CHANTECLER, dramatique.

Qui?

LA POULE GRISE.

Oh!

CHANTECLER.

Avouez!

LA POULE GRISE, d'une voix de femme coupable.

Le Coucou!

CHANTECLER, abasourdi.

Vous l'aimez? Pourquoi donc?

LA POULE GRISE, baissant les yeux, avec émotion :

Il est Suisse!

PATOU.

Une bulle

LA POULE GRISE.

C'est un penseur! Il sort...

CHANTECLER.

Elle aime une pendule!

LA POULE GRISE, avec enthousiasme.

Il sort toujours à la même heure, comme Kant!

CHANTECLER.

Comme quoi?

LA POULE GRISE.

Comme Kant!

CHANTECLER.

Ça, c'est estomaquant!

A la Poule Grise.

Allez-vous-en!

LE MERLE.

Fichez le Kant!

La Poule sort précipitamment.

CHANTECLER, se promenant avec agitation.

Quelle toquade!
Où donc a-t-elle appris que Kant?...

PATOU.

Chez la Pintade.

CHANTECLER.

Cette vieille Pintade aux cris hurluberlus
Qui se plâtre le bec...

PATOU.

A pris un jour!

CHANTECLER.

De plus?

PATOU.

Non, de réception.

CHANTECLER.

De réc?... Où reçoit-elle?

LE MERLE.

Mais dans un coin du potager.

PATOU.

Sous la tutelle
De cet homme de paille au vieux gibus infect.

CHANTECLER.

L'Épouvantail?

LE MERLE.

Oui. Grâce à lui, c'est plus *select!*

CHANTECLER.

Comment?

LE MERLE.

Oui, tu comprends, il maintient à distance
Tous les petits oiseaux dénués d'importance.
Les parents pauvres, ça fait mal dans un salon.

CHANTECLER.

Le jour de la Pintade!

PATOU, flegmatique.

Une bulle!

CHANTECLER.

Un ballon!

LE MERLE, imitant la voix de la Pintade.

Le lundi!

CHANTECLER.

Que fait-on chez cette folle?

PATOU.

On glousse.
Le Dindonneau se lance et le Poussin se pousse.

LE MERLE, imitant la Pintade.

De cinq à six.

CHANTECLER.

Le soir?

PATOU.

Non, le matin.

CHANTECLER, qui va de surprise en surprise.

Comment?

LE MERLE.

Tu comprends, il fallait profiter d'un moment
Où le jardin est vide, et que ce fût quand même
Un five o'clock. Alors, on a pris l'heure blême
Où le vieux jardinier va chez le mastroquet
Et pour tuer un ver étouffe un perroquet.

CHANTECLER.

C'est fou!

LE MERLE.

Totalement.

PATOU, au Merle.

Toi, tu n'as rien à dire,
Tu y vas!

CHANTECLER, regardant le Merle.

Il y va?

LE MERLE.

J'y vais. On m'y admire.

PATOU.

Et je crains...

CHANTECLER, regardant Patou.

Que dis-tu dans ton faux col de clous?

PATOU.

...Que quelque poule un jour t'y fasse aller.

CHANTECLER.

Moi?

PATOU.

Vous!

CHANTECLER.

Moi?

PATOU.

Par le bout du bec!

CHANTECLER, furieux.

Moi?

PATOU.

Quand passe une poule
Nouvelle, c'est plus fort que toi, tu perds la boule!

LE MERLE.

Tu te mets à tourner...

Il imite la marche du Coq autour d'une poule.

« Oui, c'est moi... me voilà! »
Et tu fais : « Cô... »

CHANTECLER.

Est-il bête, cet oiseau-là!

LE MERLE, continuant à l'imiter.

Ton aile pend... Ton pied dessine une chaconne...

On entend un coup de feu, au loin.

Ah! je n'aime pas ça!

PATOU, tressaillant et reniflant.

Le grand Jules braconne.

LE MERLE.

Chien, ça t'excite?

PATOU, l'œil brillant, l'oreille dressée.

Oui... ça me...

Et, tout d'un coup, comme se domptant, d'une voix émue :

Non!

LE MERLE.

Tu t'attendris?

PATOU.

Oh! c'est affreux! Peut-être une pauvre perdrix!...

LE MERLE, narquois.

Tiens! l'âge a mis de l'eau...

PATOU.

Dans mes yeux!

LE MERLE.

Rhumatisme,
Tu donnes des accès d'animalitarisme!

PATOU.

Non, mais j'ai plusieurs chiens en moi. Je lutte un peu.
Ma truffe d'épagneul se dresse aux coups de feu.
Mais alors, avec ma mémoire de caniche,
J'évoque une aile en sang, un œil mourant de biche,
Ce que met un lapin dans son dernier regard...
Et je sens s'éveiller mon cœur de Saint-Bernard!

Nouvelle détonation.

LE MERLE, se cachant derrière le panier.

Encor!

SCÈNE V

LES MÊMES, UN FAISAN DORÉ,
puis BRIFFAUT.

UN FAISAN DORÉ, *volant brusquement par-dessus le mur, et tombant, affolé, dans la cour.*

Cachez-moi!

CHANTECLER.

Ciel!

PATOU

Un faisan doré!

LE FAISAN DORÉ, *allant vers Chantecler.*

N'est-ce
Pas le grand Chantecler?

LE MERLE, *derrière le panier.*

Faut-il qu'on le connaisse!

LE FAISAN DORÉ, *qui court de tous les côtés.*

Sauvez-moi, si c'est vous!

CHANTECLER.

C'est moi. Fiez-vous-en...

Nouvelle détonation.

LE FAISAN DORÉ, *sursautant et se jetant contre Chantecler.*

Ah! mon Dieu!

CHANTECLER.

Mais c'est très nerveux, un coq faisan!

LE FAISAN DORÉ.

Je n'en peux plus! J'ai trop couru!

Il s'évanouit.

LE MERLE.

V'lan! la syncope!

CHANTECLER, *qui soutient d'une aile le Faisan*

Qu'il est beau quand son col tombe et se développe!

Il court vers l'abreuvoir.

De l'eau!... C'est qu'on a peur de l'abîmer!

Il l'éclabousse vivement de son autre aile.

De l'eau!

LE FAISAN DORÉ, revenant à lui.

On me poursuit! Ah! cachez-moi!

LE MERLE.

C'est du mélo!

Au Faisan.

Comment diable a-t-on pu vous manquer?

LE FAISAN DORÉ, allant et venant, éperdu.

Par surprise!

Le chasseur n'attendait qu'une alouette grise.
En me voyant partir, il a dit : « Sacrebleu! »
Il n'a vu que de l'or. Je n'ai vu que du feu!
Mais le chien me poursuit, un affreux chien...

Se trouvant devant Patou, il ajoute vivement :

... de chasse!

A Chantecler.

Cachez-moi!

CHANTECLER, agité.

C'est qu'il est voyant. Ça m'embarrasse.
Où le cacher? — Monsieur... Seigneur... Noble étranger...
— Où cacher l'arc-en-ciel s'il était en danger?

PATOU.

Là, près du petit banc qui supporte deux ruches,
J'habite un chalet vert qu'on cale avec des bûches :
Entrez!

Le Faisan Doré entre; mais sa longue queue sort toujours de la niche.

Ces manteaux d'or sont vraiment trop cossus!
Un bout dépasse encor, là... Je m'assois dessus!

Il s'assied sur les plumes qui dépassent, et feint de manger sa pâtée dans l'écuelle qui est devant sa niche. Paraît Briffaut, au-dessus du mur. Longues oreilles tombantes et bajoues tremblantes.

PATOU, à Briffaut, d'un air qui veut être dégagé.

Bonjour!

BRIFFAUT, reniflant.

Hum! bonne odeur!

PATOU, modestement, montrant son écuelle.

Soupe à la paysanne!

BRIFFAUT, rapidement.

Dis donc, tu n'as pas vu passer une faisane?

PATOU, étonné, réfléchissant.

Une faisane?

CHANTECLER, qui se promène avec une gaieté forcée.

Est-il féroce, ce Briffaut,
Avec son air de vieil Anglais très comme il faut!

PATOU, à Briffaut.

Non. Mais j'ai vu passer un faisan.

BRIFFAUT.

C'était elle!

PATOU.

La faisane a toujours une robe isabelle.
C'était un faisan d'or. Il a pris par le pré.

BRIFFAUT.

C'est elle!

CHANTECLER, s'avançant, incrédule.

Une faisane à plumage doré?

BRIFFAUT.

Ah! vous ne savez pas ce qui parfois se passe?

CHANTECLER et PATOU.

Non.

LE MERLE.

Il va raconter une histoire de chasse!

BRIFFAUT.

Il arrive parfois... — C'est exceptionnel :
Mon maître dit qu'il a lu ça dans Toussenel. —
Il advient... — C'est un fait très extraordinaire
Que l'on remarque aussi chez les coqs de bruyère. —
Il advient...

PATOU, *impatienté.*

Quoi?

BRIFFAUT

Que la faisane... ah! mes amis...

CHANTECLER, *qui piétine.*

Mais quoi donc?

BRIFFAUT.

...Trouve un jour le faisan trop bien mis.
Quand le mâle au printemps met ses habits de fête,
Elle voit qu'il est plus beau qu'elle...

LE MERLE.

Ça l'embête!

BRIFFAUT.

Elle cesse de pondre et de couver. Alors,
La Nature lui rend les pourpres et les ors,
Et la faisane, libre et superbe amazone,
Fuit, préférant avoir du bleu, du vert, du jaune,
Et toutes les couleurs du prisme sur son dos,
Que, sous une aile grise, avoir des faisandeaux.
Dame! elle s'affranchit des vertus de son sexe!
Elle vit!...

Il fait un geste léger, de la patte.

CHANTECLER, *sèchement.*

Qu'en sais-tu, d'abord?

BRIFFAUT, *étonné.*

Quoi?... ça le vexe?

PATOU, *à part.*

Déjà?

CHANTECLER, *nerveux.*

Bref, ce faisan que ton patron rata?

BRIFFAUT.

C'était une faisane!

Il s'arrête et renifle.

Oh! mais...

PATOU, *montrant vite son écuelle.*

C'est mon rata!

BRIFFAUT, reniflant encore.

Il sent très bon.

CHANTECLER, à part.

Je n'aime pas quand il renifle.

BRIFFAUT, recommençant une histoire.

Figurez-vous qu'un jour ..

LE MERLE.

Encore une!

On entend siffler au loin.

CHANTECLER, vivement.

On te siffle!

BRIFFAUT.

Diable! Bonsoir.

Il disparaît.

PATOU.

Bonsoir!

CHANTECLER.

Enfin, parti!

LE MERLE, appelant.

Briffaut!

CHANTECLER.

Dieu! que fais-tu?

LE MERLE, criant.

Je veux te dire un mot.

BRIFFAUT, dont la tête reparaît sur le mur.

Un mot?

LE MERLE.

Oui. Prends garde, Briffaut!

CHANTECLER, bas, au Merle.

De nos peurs tu te joues!

LE MERLE.

Car tu vas perdre quelque chose...

BRIFFAUT.

Quoi?

LE MERLE.

Tes joues!

BRIFFAUT, disparaissant, dans un grognement de fureur.

Hon!...

SCÈNE VI

CHANTECLER, LE MERLE, PATOU, LA FAISANE, LE CHAT, toujours endormi sur le mur, LA VIEILLE POULE dans son panier.

CHANTECLER, après un instant, au Merle, qui, de sa cage où il est remonté, voit par-dessus le mur.

Il est loin?

LE MERLE.

Très loin!

CHANTECLER, allant vers la niche de Patou.

Sortez, Madame!

LA FAISANE, apparaissant sur le seuil de la niche.

Eh bien!
Révoltée, affranchie, oui... comme a dit ce chien!
Mais de très grande race, et fière autant que franche,
Et faisane des bois!

Elle sort, d'un bond.

LE MERLE.

Fichtre! elle a de la branche!

LA FAISANE, qui va et vient, avec une fébrilité sauvage.

J'habite la forêt où braconne...

CHANTECLER.

Ce fou
Qui voulait enchâsser du plomb dans un bijou!

LA FAISANE.

Sous le feuillage épais que le soleil transperce,
Je vis! Mais c'est d'ailleurs que je viens. D'où? De Perse?

De Chine? On ne sait pas! Mais on peut être sûr
Que j'étais faite pour chatoyer dans l'azur
Parmi les thuyas verts gonflés de sandaraque,
Et non pour fuir sous des ronciers, devant un braque!
Suis-je l'ancien Phénix ou la poule Kin-Ky?
D'où fus-je rapportée? et comment? et par qui?
La Fable tergiverse et m'offre un choix splendide.
C'est pourquoi je choisis d'être née en Colchide
D'où j'ai dû revenir sur le poing de Jason!
Je suis en or. C'est moi, peut-être, la Toison!

PATOU.

Qui, vous?

LA FAISANE.

Moi, le Faisan!

PATOU, rectifiant doucement.

La Faisane.

LA FAISANE.

Ma race!
Car je la représente, ayant pris la cuirasse
De pourpre. Oui, ce destin que longtemps je subis
D'être une feuille morte à côté d'un rubis
M'ayant un jour semblé décidément trop pâle,
J'ai volé son plumage éblouissant au mâle.
Et j'ai bien fait, car je le porte mieux que lui!
La palatine d'or sur moi se gonfle et luit;
J'ai donné plus de grâce à la verte épaulette,
Et d'un simple uniforme ai fait une toilette!

CHANTECLER.

Mais c'est qu'elle est étourdissante!

PATOU, à part.

Sapristi!
Il ne va pourtant pas aimer un travesti!

LE MERLE, qui est redescendu en sautillant.

Il faut absolument prévenir la Pintade
Qu'il passe un oiseau d'or! Elle en sera malade!
Elle va l'inviter!

A Chantecler.

Je m'en vais faire un tour.

Il sort.

CHANTECLER, se rapprochant de la Faisane.

Vous venez d'Orient, alors, comme le Jour?

LA FAISANE.

Ma vie a le désordre amusant d'un poème.
Si je vins d'Orient, ce fut par la Bohème!

PATOU, à part, navré.

Bohémienne!

LA FAISANE, à Chantecler, en faisant jouer les couleurs de son col.

Avez-vous remarqué ces deux tons?
Il n'y a que l'Aurore et moi qui les portons!
Princesse des sous-bois et Reine des clairières,
J'ai le jaune chignon qu'ont les aventurières.
Nostalgique, j'ai pris pour palais palpitants
Les iris desséchés qui bordent les étangs.
J'adore la forêt, et lorsque, septembrale,
Elle sent le bois mort...

PATOU, consterné.

C'est une cérébrale!

LA FAISANE.

...Folle comme une branche un jour de siroco,
Je m'agite, je vibre et je m'énerve...

CHANTECLER, qui depuis un instant commence à laisser traîner son aile, se met à tourner (comme faisait tout à l'heure le Merle en l'imitant), et fait son bruit de gorge, très doux.

Cô...

La Faisane le regarde. Il se croit encouragé et reprend plus fort, en tournant.

Cô...

LA FAISANE.

Monsieur, j'aime mieux vous dire tout de suite
Que si c'est pour moi...

CHANTECLER, s'arrêtant

Quoi?

LA FAISANE.

L'œil, la courbe décrite,
L'aile qui pend, le « Cô... »

CHANTECLER.

Mais je...

LA FAISANE.

C'est très bien fait :
Seulement, ça ne me fait pas le moindre effet.

CHANTECLER, un peu démonté.

Madame...

LA FAISANE.

Oh! je comprends. On est le Coq illustre.
Il n'est pas une poule au monde qui ne lustre
Ses plumes dans l'espoir — certes, des plus touchants, —
De pouvoir vous distraire, un jour, entre deux chants!
On est si sûr de soi que jamais on n'hésite,
Même quand la personne est chez vous en visite
Et n'est pas tout à fait la poule en jupon court
A laquelle on peut faire un doigt... de basse-cour.

CHANTECLER.

Mais...

LA FAISANE.

Je ne m'éprends pas avec autant de hâte!
Puis, pour moi, comme coq, vous êtes trop... en pâte.

CHANTECLER.

En pâte?

LA FAISANE.

Trop gâté. Le seul coq de mon goût
Serait un coq sans gloire à qui je serais tout.

CHANTECLER.

Mais...

LA FAISANE.

Aimer un grand Coq, — je ne suis pas si femme!

CHANTECLER, après un petit temps.

Mais... nous pouvons au moins nous promener, Madame!

LA FAISANE.

Oui, comme deux amis.

CHANTECLER.

Deux amis.

LA FAISANE.

Deux poulets.

CHANTECLER.

Très vieux.

LA FAISANE, *vivement.*

Oh! non, pas vieux!... Très laids!

CHANTECLER, *encore plus vivement.*

Oh! non, pas

Se rapprochant d'elle.

Voulez-vous visiter la cour?... Prenez mon aile.

LA FAISANE.

Voyons!

CHANTECLER, *s'arrêtant devant l'abreuvoir.*

Ça, c'est affreux. C'est l'abreuvoir modèle,
L'abreuvoir siphoïde en fer galvanisé.
Mais tout le reste est beau, noble, charmant, usé,
Le toit du poulailler, la porte de l'étable...

LE MERLE, *rentrant, à part.*

La Pintade est dans un état épouvantable!

LA FAISANE, *à Chantecler, en regardant autour d'elle.*

Vous vivez là tranquille et sans rien craindre?

CHANTECLER.

Rien.

Car le propriétaire est un végétarien.
C'est un homme étonnant. Il adore les bêtes.
Il leur donne des noms qu'il prend dans les poètes :
Ça, c'est l'âne, Midas; ça, la génisse, Io.

LE MERLE, *les suivant des yeux.*

C'est ce que nous nommons le tour du proprio.

LA FAISANE, *montrant le Merle.*

Et ça?

CHANTECLER.

L'oiseau d'esprit.

LA FAISANE.

Que fait-il?

CHANTECLER.

Il s'occupe.

LA FAISANE.

A quoi donc?

CHANTECLER.

A ne pas avoir l'air d'être dupe.
C'est un très gros travail.

LA FAISANE.

Peut-être, mais bien laid.

Ils remontent.

LE MERLE, jetant un coup d'œil sur le plastron écarlate de la Faisane.

Eh! va donc, romantique!... Elle l'a, le gilet!

CHANTECLER, continuant le tour des choses.

La meule. Le vieux mur. Le mur, lorsque je chante,
En bave des lézards; la meule est plus penchante.
Je chante à cette place où j'ai gratté le sol,
Et, lorsque j'ai chanté, je bois dans ce vieux bol.

LA FAISANE, souriant.

Mais votre chant a donc une importance?

CHANTECLER, grave.

Grande.

LA FAISANE.

Pourquoi?

CHANTECLER.

C'est mon secret.

LA FAISANE.

Si je vous le demande?

CHANTECLER, détournant la conversation et montrant un tas de branches liées dans un coin.

Mes amis les fagots!

LA FAISANE.

Volés dans ma forêt!
— C'est donc vrai, ce qu'on dit? Vous avez un secret?

CHANTECLER, *sec.*

Oui, Madame.

LA FAISANE.

Je sens que l'insistance est vaine.

CHANTECLER, *grimpant sur le mur du fond.*

Et, d'ici, vous verrez le reste du domaine
Jusques au potager où l'on traîne le soir
Un serpent qui finit en pomme d'arrosoir.

LA FAISANE.

Comment! c'est tout?

CHANTECLER.

C'est tout.

LA FAISANE.

Alors, tu t'imagines
Que le monde a pour borne un carré d'aubergines?

CHANTECLER.

Non.

LA FAISANE.

Tu ne rêves pas des horizons plus grands
Quand passe un vol triangulaire d'émigrants?

CHANTECLER.

Non.

LA FAISANE.

Mais tous ces objets sont pauvres et moroses!

CHANTECLER.

Moi, je n'en reviens pas du luxe de ces choses!

LA FAISANE.

Tout est toujours pareil, pourtant!

CHANTECLER.

Rien n'est pareil,
Jamais, sous le soleil, à cause du soleil!
Car Elle change tout!

LA FAISANE.

Elle!... Qui?

CHANTECLER.

La Lumière!
Mais ce géranium planté par la fermière
N'a pas deux fois le même rouge! Et ce sabot,
Ce vieux sabot crachant de la paille, est-ce beau!
Et le peigne de bois pendu parmi les blouses
Qui garde entre ses dents les cheveux des pelouses!
La vieille fourche en pénitence dans un coin,
Mais qui, dormant debout, fait des rêves de foin!
Les quilles au corset sanglé, ces belles filles
Dont Patou, mal reçu, dérange les quadrilles!
L'énorme boule en bois, vermoulue à demi,
Sur laquelle toujours voyage une fourmi
Qui fait, avec l'orgueil des parcoureurs de mondes,
Son petit tour de boule en quatre-vingts secondes!
Aucun de ces objets n'est pareil deux instants!
Et quant à moi, Madame, il y a bien longtemps
Qu'un râteau dans un coin, une fleur dans un vase
M'ont fait tomber dans une inguérissable extase,
Et que j'ai contracté devant un liseron
Cet émerveillement dont mon œil reste rond!

LA FAISANE, songeuse.

On sent que vous avez une âme!... Mais une âme
Se forme donc loin de la vie et de son drame,
Derrière un mur de ferme où sommeille un matou?

CHANTECLER.

Quand on sait regarder et souffrir, on sait tout.
Dans une mort d'insecte on voit tous les désastres.
Un rond d'azur suffit pour voir passer les astres...

LA VIEILLE POULE, apparaissant.

Ce qui connaît le mieux le ciel, c'est l'eau du puits!

CHANTECLER, la présentant à la Faisane avant que le couvercle retombe.

Ma nourrice.

LA FAISANE.

Ah! vraiment?

LA VIEILLE POULE, *clignant un œil malin.*

C'est un beau coq!

LA FAISANE, *allant vers la Vieille Poule.*

Et puis,
C'est un coq pour lequel il existe... autre chose!

CHANTECLER, *allant vers Patou.*

Mon cher, c'est une poule avec laquelle on cause!

On entend des cris perçants au dehors, et un jacassement qui se rapproche.

SCÈNE VII

LES MÊMES, LA PINTADE,
et TOUTE LA BASSE-COUR.

CRIS AU DEHORS, *se rapprochant.*

Ah!...

LE MERLE, *dans sa cage.*

Nous allons avoir de la Pintade!...

Toutes les Poules rentrent en tumulte, précédées de la Pintade, très agitée.

LA PINTADE, *courant à la Faisane.*

Ah! Dieu!
Qu'elle est belle! On accourt pour vous connaître un peu!

ADMIRATION GÉNÉRALE.

Ah!

On fait cercle autour de la Faisane. Conversations. Cris. Gloussements.

CHANTECLER, *regardant la Faisane, à part.*

Qu'elle marche bien!

Il regarde les Poules.

Mieux que mes Poules!

Agacé, aux Poules.

Poules!

Vous marchez comme si vous aviez des ampoules!
Vous marchez comme si vous marchiez sur vos œufs!

PATOU.

Allons, décidément, il est très amoureux!

LA PINTADE, présentant son fils à la Faisane.

Le Pintadeau, mon fils!

LE PINTADEAU, admirant la Faisane.

Elle est d'un blond!...

UNE POULE, à mi-voix.

De beurre!

CHANTECLER, se retournant, sèchement, aux Poules.

Rentrez!

LA FAISANE, avec un aimable regret.

Déjà?

CHANTECLER.

Elles se couchent de bonne heure.

Les Poules commencent à remonter par l'échelle dans le poulailler.

UNE POULE, un peu vexée.

Oui, nous rentrons chez nous.

LA FAISANE, étonnée.

Tiens! par un escalier?

LA PINTADE, à la Faisane.

Ma chère, n'est-ce pas, nous allons nous lier?

CHANTECLER, regardant la Faisane, à part.

Sa toilette de cour a rehausse et l'isole.
Les autres n'ont pas l'air que d'être en camisole!

LA FAISANE, à la Pintade, s'excusant.

Je regagne ce soir mes abris forestiers.

LA PINTADE, désolée.

Vraiment?

On entend une détonation au loin.

PATOU.

On chasse encore!

LA PINTADE.

Il faut que vous restiez.

CHANTECLER, vivement.

C'est ça! Jusqu'à demain gardons-la prisonnière!

LA FAISANE.

Mais où passer la nuit?

PATOU, montrant sa niche.

Là, dans ma garçonnière.

LA FAISANE.

Moi, dormir sous un toit!

PATOU, insistant

Entrez!

LA FAISANE.

Mais vous, alors?

PATOU.

Oh! Patou, c'est un nom fait pour coucher dehors!

LA FAISANE, se résignant.

Restons jusqu'à demain!

LA PINTADE, avec des cris perçants.

Dieu!... Mais demain, ma chère!
Demain!...

TOUT LE MONDE, effrayé.

Quoi donc?

LE PINTADEAU.

Demain, c'est le jour de ma mère!

LA PINTADE, impétueusement, à la Faisane.

Ne voudriez-vous pas, tout à fait sans façon,
Venir prendre chez nous un petit limaçon?
Le Paon...

CHANTECLER, qui, grimpant l'échelle, inspecte tout de l'œil.

Plus bas! Le soir a soufflé sa fumée...

D'une voix de commandement.

Chacun a-t-il repris sa place accoutumée?

LA PINTADE, plus bas, à la Faisane.

Le Paon viendra. Nous nous tiendrons dans les cassis!

CHANTECLER.

Les Dindons sont-ils sur leur juc?

LA PINTADE, même jeu.

De cinq à six!

CHANTECLER.

Les Canards sont-ils tous dans leur maison pointue?

LA PINTADE, même jeu.

Je crois que nous aurons peut-être la Tortue!

LA FAISANE.

Ah! vraiment?

CHANTECLER, qui est arrivé au dernier échelon.

Tout le monde est-il bien à l'abri?

LE PINTADEAU, ironique.

Mais à chaque échelon vous poussez donc un cri?

CHANTECLER.

Oui, Monsieur. Car il faut...

Il demande encore, en criant :

— Les Poussins sous une aile? —

Au Pintadeau.

...Faire tout ce qu'on peut sur la plus humble échelle.

LA PINTADE, insistant toujours auprès de la Faisane pour qu'elle vienne le lendemain.

La Houdan m'a promis le Coq!

A Chantecler.

Nous serions fous...

CHANTECLER.

Mais...

LA POULE DE HOUDAN, sortant sa tête du poulailler, avec autorité.

Tu viendras!

CHANTECLER.

Non.

LA FAISANE, au bas de l'échelle, le regardant.

Si.

CHANTECLER.

Pourquoi?

LA FAISANE.

Parce que vous
Avez dit non à l'autre.

CHANTECLER.

Ah?...

PATOU, vivement.

Hom!... Je t'en supplie!

CHANTECLER, hésitant.

Je...

PATOU.

Hom!... Il plie! On le fera chanter s'il plie!

LA VIEILLE POULE, apparaissant.

C'est avec les roseaux qu'on fait les mirlitons!

Le couvercle retombe. La nuit vient peu à peu.

CHANTECLER, hésitant encore.

Je...

UNE VOIX.

Dormons.

LE DINDON, solennel, sur son perchoir.

Quandoque dormitat...

LE MERLE, dans sa cage.

Dormitons!

CHANTECLER, très ferme, à la Faisane.

Je n'irai pas. Bonsoir.

LA FAISANE, un peu vexée.

Bonsoir.

Elle entre dans la niche, d'un saut brusque. La nuit devient plus bleue.

PATOU, *s'endormant, couché devant la niche.*

Faisons un somme
Jusqu'à ce que le ciel soit rose comme... comme...
Un ventre de petit chien...

LA PINTADE, *s'endormant.*

Cinq à six...

LE MERLE, *s'endormant aussi.*

Tu... tu...

Sa tête retombe.

Tu...

CHANTECLER, *toujours du haut de l'échelle.*

Tout dort!

Il aperçoit un poussin qui sort en cachette.

Un poussin qui découche?

Il s'élance à sa poursuite et le fait rentrer rapidement.

Veux-tu!

En faisant rentrer le poussin, il se retrouve devant la niche. Il appelle très doucement :

Faisane?

LA FAISANE, *perdue dans la paille, d'une voix vague.*

Quoi?

CHANTECLER, *après une hésitation.*

Rien...

Il hésite encore, puis avec un soupir :

Rien!

Et il remonte à regret son échelle.

LA FAISANE.

Vais-je dormir...

PATOU, *s'endormant tout à fait.*

Un ventrrre...

LA FAISANE, *essayant en vain de parler, prise par le sommeil.*

..Sous un toit?... J'ai des goûts plus bohé...mi...

CHANTECLER, *disparaissant dans le poulailler.*

Je rentre.

On l'entend qui dit, d'une voix qui s'éteint :

C'est l'heure de fermer mes... mes...

LA FAISANE, dans un dernier effort.

..Bohémi-ens...

Et sa tête, soulevée un instant, retombe et disparaît dans la paille.

LA VOIX DE CHANTECLER, presque endormie.

...Mes yeux.

Silence. Il dort. On voit, sur le mur, s'allumer deux yeux verts.

LE CHAT.

D'ouvrir les miens!

Aussitôt, deux autres yeux, jaunes, s'allument dans l'ombre, sur le toit d'une grange.

UNE VOIX.

Les miens!

Deux autres yeux jaunes s'allument.

UNE AUTRE VOIX.

Les miens!

Deux autres yeux jaunes s'allument.

UNE AUTRE VOIX.

Les miens

On distingue maintenant les silhouettes de trois Chats-Huants.

SCÈNE VIII

LA BASSE-COUR endormie, LE CHAT réveillé sur le mur, TROIS CHATS-HUANTS, puis LA TAUPE et LA VOIX DU COUCOU.

UN CHAT-HUANT.

Deux yeux verts?...

LE CHAT, dressé sur le mur, et regardant les autres yeux phosphorescents.

Six yeux d'or?...

LE CHAT-HUANT.

Sur le mur?...

LE CHAT.

Sur la grange?...

Il appelle.

Hiboux!

LE CHAT-HUANT.

Matou!

LE CHAT.

Chats!...

LES TROIS CHATS-HUANTS.

Chat!...

LE CHAT.

...huants!

UN DES CHATS-HUANTS.

...miaulant!

LE MERLE, s'éveillant.

Qu'entends-je?

PREMIER CHAT-HUANT, au Chat.

Grand complot contre lui!

LE CHAT.

Ce soir?

LES TROIS CHATS-HUANTS.

Oui! oui! oui!

LE CHAT, joyeux.

Pffitt!

Où?

LES CHATS-HUANTS.

Dans les houx! houx! houx!

LE CHAT.

Quelle heure?

LES CHATS-HUANTS.

Huit! huit! huit!

Zigzags de Chauves-Souris dans l'air

PREMIER CHAT-HUANT.

Chauves-Souris avec lesquelles la nuit jongle!...

LE CHAT.

Elles sont pour nous?

LES TROIS CHATS-HUANTS.

Oui.

PREMIER CHAT-HUANT.

Taupe dont j'entends l'ongle!...

LE CHAT.

Elle est pour nous?

LES TROIS CHATS-HUANTS.

Oui.

LE CHAT, *parlant vers la porte de la maison.*

Toi, sonne bien les huit coups,
Coucou de la petite horloge!

PREMIER CHAT-HUANT.

Il est pour nous?

LE CHAT.

Oui. — Et même il y a, noirs veilleurs taciturnes,
Quelques oiseaux du jour qui sont pour les Nocturnes!

LE DINDON, *s'avançant au milieu d'un groupe furtif qui feignait seulement de dormir dans la basse-cour.*

C'est ce soir, chers yeux ronds? Vous irez?

LES CHATS-HUANTS.

Nous irons!

PREMIER CHAT-HUANT.

Il y aura tous les yeux ronds des environs!

LE MERLE, *à part.*

Je voudrais bien voir ça!

PATOU, *tout en dormant.*

Rrrrr...

LE CHAT, *pour rassurer les Nocturnes.*

Le Chien rêve... il gronde!

CHANTECLER, dans l'intérieur du poulailler.

Cô...

LES HIBOUX, effrayés.

Lui! lui! lui!

LE DINDON.

Fuyez!

PREMIER CHAT-HUANT.

Mais non : l'ombre est profonde,
Et nous disparaîtrons rien qu'en fermant les yeux!

Ils ferment leurs yeux lumineux. Nuit noire. Chantecler paraît au haut de l'échelle.

CHANTECLER, au Merle.

Tu n'as rien entendu, Merle noir?

LE MERLE.

Si, mon vieux!

LES CHATS-HUANTS, effrayés.

Hein?

LE MERLE.

Le sombre complot!

CHANTECLER.

Ah?...

LE MERLE, avec une emphase mélodramatique.

Contre toi... Frissonne!

CHANTECLER, rassuré

Blagueur!

Il rentre.

LES CHATS-HUANTS, rouvrant les yeux.

Il est rentré!

LE MERLE, satisfait.

Je n'ai trahi personne!

UN CHAT-HUANT.

Ce Merle est donc pour nous?...

LE MERLE.

Non... mais puis-je aller voir?

UN CHAT-HUANT.

Jamais l'oiseau de nuit ne mange un oiseau noir.
Tu peux venir!

LE MERLE.

Le mot de passe?

LE CHAT-HUANT.

Ombre et Rapace!

LA FAISANE, sortant sa tête de la niche.

J'étouffe sous le toit de cette maison basse,
Et...

Apercevant les Nocturnes.

Oh!

Elle se rejette vivement en arrière, mais reste aux aguets.

LES CHATS-HUANTS.

Chut!

Ils ferment rapidement leurs yeux, puis, n'entendant plus rien, les rouvrent.

Rien... Partons!

UNE VOIX, dans le groupe resté éveillé.

Bonne chance, Hiboux!

LE CHAT-HUANT.

Merci. Mais pourquoi donc êtes-vous tous pour nous?

LE CHAT.

Ah! la nuit fait sortir ce qu'on cache à soi-même!
Je n'aime pas le Coq parce que le Chien l'aime.

LE DINDON.

Je n'aime pas le Coq, moi, Dindon, *propter hoc*
Que, l'ayant vu poussin, je ne l'admets pas coq!

UN CANARD.

Moi, Canard, parce que, comme il n'a pas de toiles
Entre les doigts, il trace en marchant des étoiles!

UN POULET.

Je n'aime pas le Coq parce que je suis laid!

UN AUTRE.

Je n'aime pas le Coq parce qu'en violet
Il a son portrait peint dans toutes les assiettes!

UN AUTRE.

Je n'aime pas le Coq parce qu'aux girouettes
Il a sur tous les toits une statue en toc!

UN CHAT-HUANT, à un gros poulet.

Eh bien, et toi, Chapon?

LE CHAPON, sèchement

Je n'aime pas le Coq!

LE COUCOU, commençant à sonner huit heures à l'intérieur de la maison.

Coucou!

PREMIER CHAT-HUANT.

L'heure!

LE COUCOU.

Coucou!

DEUXIÈME CHAT-HUANT.

Partons!

LE COUCOU.

Coucou!

Un rayon blanc vient baigner tout un côté de la cour.

PREMIER CHAT-HUANT.

La lune!

LE COUCOU.

Coucou!

PREMIER CHAT-HUANT, ouvrant les ailes.

Fendons l'air bleu!...

LE COUCOU.

Coucou!

LA TAUPE, dont la tête sort tout d'un coup de terre.

...La terre brune!...

PREMIER CHAT-HUANT.

Tiens! la Taupe!

LE COUCOU.

Coucou!

PREMIER CHAT-HUANT, à la Taupe.

Toi, pourquoi le hais-tu?

LA TAUPE.

Je le hais parce que je ne l'ai jamais vu!

LE COUCOU.

Coucou!

PREMIER CHAT-HUANT.

Et toi, Coucou, pourquoi, t'en rends-tu compte?

LE COUCOU, en sonnant son dernier coup.

Parce qu'il n'a jamais besoin qu'on le remonte!
— Coucou!

PREMIER CHAT-HUANT.

Et nous n'aimons...

DEUXIÈME CHAT-HUANT, vivement, aux autres.

On doit nous réclamer...

TOUS, ouvrant leurs ailes.

...Pas le Coq parce que...

Ils s'envolent. Silence.

LA FAISANE, sortant lentement de la niche.

Je commence à l'aimer!

Le rideau tombe.

ACTE DEUXIÈME

LE MATIN DU COQ

LE DÉCOR

Au promontoire d'un coteau.

Bouquet de houx. Jardin qui n'est plus cultivé.
Lieu triste quand, la nuit, l'ortie et l'épervière
Tremblent sur le sentier frayé par la bouvière...
Mais ce qu'on voit de là, quand le jour est levé,

C'est le Vallon. C'est le Vallon par un grand V,
Qui n'est pas en Tyrol, qui n'est pas en Bavière,
Qu'on ne trouve qu'en France avec cette rivière
Et ce je ne sais quoi de noble et d'achevé.

Calme horizon, bornant les vœux, mais pas le songe !
Fins peupliers. Belle colline qui s'allonge
Comme une bête ayant un village au garrot.

Le ciel est de chez nous. Et lorsque illuminée
Fumera dans un coin quelque humble cheminée,
On croira voir fumer la pipe de Corot.

SCÈNE PREMIÈRE

LES NOCTURNES, de toutes les dimensions et de toutes les espèces, forment un grand cercle, et s'étagent sur les pierres, les ronces, les branches; LE CHAT est accroupi sur l'herbe; LE MERLE sautille sur un fagot.

Au lever du rideau, nuit profonde. Tous les Nocturnes sont immobiles, en silhouettes sombres, les yeux fermés. Le Grand-Duc, perché sur un tronc d'arbre, domine. Seul, le Chat-Huant a ses yeux de phosphore grands ouverts. Il procède à l'appel, et à chaque nom qu'il lance on voit s'ouvrir dans le noir deux grands yeux ronds et lumineux.

LE CHAT-HUANT, appelant.

Strix!

Deux yeux s'allument.

Scops!

Deux yeux s'allument.

Grand-Duc!

Deux yeux s'allument.

Moyen!

Deux yeux s'allument.

Petit!

Deux yeux s'allument.

UN NOCTURNE, à un autre.

Le Grand préside.

LE CHAT-HUANT, continuant.

Chouette de l'If! du Mur! du Cloître! de l'Abside!

A chaque nom, deux yeux se sont ouverts.

UN NOCTURNE, à un autre qui arrive.

C'est l'appel nominal.

L'AUTRE.

Oui, je sais. Il n'y a
Qu'à rouvrir l'œil quand on vous nomme.

LE CHAT-HUANT.

Surnia!
Hibou! Nyctale!

Trois paires d'yeux se sont encore ouvertes.

Brachyote!

Aucun œil ne s'ouvrant, il répète :

Brachyote?

UN NOCTURNE.

Il vient. Il est allé manger une linotte.

LE BRACHYOTE, arrivant.

Voilà.

LE CHAT-HUANT.

Ils sont tous là quand il s'agit du Coq!

TOUS LES NOCTURNES, d'une seule voix.

Tous!

LE CHAT-HUANT, appelant.

Hulotte!

Deux yeux s'ouvrent.

Caparacoch!

Aucun œil ne s'ouvrant, il répète avec insistance :

Ca-pa-ra-coch?
— Eh bien! voyons!

LE CAPARACOCH arrive essoufflé, ouvre les yeux, et, s'excusant :

J'habite loin.

LE CHAT-HUANT, sec.

On se dépêche!

Regardant autour de lui.

Je crois qu'ils sont tous là...

Il appelle.

Chevêchette! et Chevêche!

Maintenant, tous les yeux sont ouverts.

LE GRAND-DUC, solennellement.

Avant de commencer, poussons, mais à bas bruit,
Le cri qui nous met tous d'accord.

TOUS.

Vive la Nuit!

Et c'est un chœur, pressé, mystérieux et sauvage, coupé de battements d'ailes et de longs cris dans la nuit, où tous parlent l'un sur l'autre, avec des dandinements féroces.

LE GRAND-DUC.

Vive la Nuit souple et benoîte
Où nous volons d'une aile en ouate,
Où, quand tout dort,
Grâce au mutisme de notre aile
La perdrix n'entend pas sur elle
Venir la mort!

LE CHAT-HUANT.

Vive la Nuit commode et molle
Où l'on peut, lorsque l'on immole
Des lapereaux,
Ensanglanter la marjolaine
Sans avoir à prendre la peine
D'être un héros!

UN VIEUX HIBOU.

Vivent les ombres qui sont nostres!

LA HULOTTE.

Le silence où dans tous nos rostres
Craquent des os!

UNE CHOUETTE.

La fraîcheur où, tiède, tu gicles
Sur les verres de nos besicles,
Sang des oiseaux!

UNE AUTRE.

Vive le roc d'où la peur suinte!

UNE AUTRE, poussant son cri.

Le carrefour où, lorsqu'on chuinte...

LE CHAT-HUANT.

Hue...

LA CHEVÊCHE.

Et huit...

LA HULOTTE.

Hôle et miaule...

UNE CHOUETTE.

Stride et stridule...

LE GRAND-DUC.

On fait se signer l'incrédule!

TOUS.

Vive la Nuit!

LE GRAND-DUC.

Vive la tendeuse de toiles,
La grande Nuit dont les étoiles
Sont le seul tort!

LE CHAT-HUANT.

Car des regards sont inutiles
Lorsqu'en nos ongles rétractiles
Un col se tord!

LE GRAND-DUC.

Vive la Nuit où l'on se venge
De la grâce de la mésange!
Car la Beauté,
Quand l'ombre a repris l'avantage,
Reste à la Nuit comme un otage
Épouvanté!

LA HULOTTE.

Car on choisit lorsqu'on trucide!

LE GRAND-DUC.

Et l'on prend, d'autant plus lucide
Qu'il fait plus noir,
Le geai le plus bleu sur la branche
Et la colombe la plus blanche
Sur le perchoir!

UNE CHOUETTE.

Vive l'heure où dans l'œuf qu'on casse
On boit l'avenir qu'une race
Crut immortel!

LE CHAT-HUANT.

L'heure où nous chuchotons ensemble
Pour préparer tout ce qui semble
Accidentel!

LE GRAND-DUC.

Vive l'ombre où la peur accrue
Nous fait régner!

LE CHAT-HUANT.

Où, quand on hue...

LA CHEVÊCHE.

Et qu'on huit...

TOUTES LES CHOUETTES.

Lorsqu'on ulule...

TOUS LES HIBOUX.

Et qu'on houloule...

LE GRAND-DUC.

L'aigle même a la chair de poule!

TOUS.

Vive la Nuit!

LE GRAND-DUC.

Et maintenant, laissons, dans sa rousseur moirée,
Parler le Chat-Huant

PLUSIEURS VOIX.

Chut!...

LE MERLE, sur son fagot.

Charmante soirée!

LE CHAT-HUANT, oratoire.

Nocturnes!...

LE GRAND-DUC, à son voisin.

Le décor me semble bien choisi.
Oui, le coin le plus noir, l'arbre le plus moisi;
A droite, des vieux pots de jardin hors d'usage;
A gauche, entre les houx...

TOUS LES NOCTURNES.

Houx! houx!

LE GRAND-DUC.

...Le paysage!

LE CHAT-HUANT.

Nocturnes!

UN HIBOU.

Tiens! la Taupe est là?

PLUSIEURS VOIX.

Chut!...

UN AUTRE HIBOU.

Sous le thym
Elle a pris pour venir...

LE MERLE, sautillant.

Son Métropolitain.

LE GRAND-DUC, à son voisin.

C'est le Merle?

LE MERLE, s'avançant.

Oui, mon Duc. — Et là, ces deux agates.
C'est le Chat.

LE GRAND-DUC.

Je l'entends qui se lèche les pattes.

LE CHAT-HUANT, reprenant la parole.

Nocturnes! puisqu'ici, ce soir, — c'est notre orgueil! —
Nous sommes entre gens ayant le mauvais œil...

TOUS LES NOCTURNES, ricanant et se dandinant à leur manière.

Ha! ha!

LE GRAND-DUC, ouvrant ses ailes pour imposer silence.

Chut!

Ils reprennent tous leur immobilité terrible.

LE MERLE.

Moi, je n'ai que l'œil malin. J'assiste,
Mais sans prendre parti, vous savez, en artiste.

UN HIBOU.

Ne pas prendre parti, c'est le prendre pour nous.

LE MERLE.

Et allez donc! c'est très simpliste, les hiboux!

LE CHAT-HUANT, terminant sa phrase.

Exprimons-nous d'un bec franchement malévole :
Le Coq est un voleur!

TOUS.

Un voleur! — Il nous vole!

LE MERLE.

Quoi?

LE GRAND-DUC.

La santé! La joie!

LE MERLE.

Ah! vous m'en direz tant!

Et comment?

LE CHAT-HUANT.

En chantant!

LE GRAND-DUC.

Il nous donne, en chantant,
Des gonflements de fiel et des péricardites!
Car il annonce!

LE MERLE, sautillant.

Ah! oui, la lumière...

Mouvement de tous. Le Merle, effrayé, se cache derrière les fagots.

LE GRAND-DUC, vivement.

Ne dites
Pas ce mot! Quand on dit ce mot, à l'horizon
La Nuit sent sous son aile une démangeaison!

LE MERLE, rectifiant prudemment.

La clarté...

Mouvement. Même jeu du Merle.

LA HULOTTE, précipitamment

Pas ce mot de consonance ingrate,
Ce mot qui fait un bruit d'allumette qu'on gratte!

LE CHAT-HUANT.

Dites : « Le Coq annonce... un pli du sombre drap... »

LE MERLE.

Mais le jour...

Mouvement.

TOUS, criant avec une souffrance indicible.

Pas ce mot!

LE GRAND-DUC.

Dites : « Ce qui viendra »!

LE MERLE.

Qu'importe qu'il annonce...

TOUS, l'arrêtant.

Heu!...

LE MERLE.

...Que le drap se plisse,

Puisque... ce qui viendra... viendra!

LE GRAND-DUC, avec désespoir.

C'est un supplice
Que d'entendre toujours...

LE MERLE, vivement.

Tout nuit!...

LE GRAND-DUC.

...Un chant cuivré
Vous rappeler ce qu'on sait être vrai...

TOUS LES HIBOUX, contorsionnés de douleur.

Vrai! — Vrai!

LE GRAND-DUC.

Il chante quand la nuit est encor bonne et fraîche!

CRIS DE TOUS LES CÔTÉS.

C'est un voleur! — C'est un voleur!

LE GRAND-DUC.

Il nous empêche
De profiter...

TOUS LES HIBOUX.

De profiter! — De profiter!

LE GRAND-DUC.

...Du bon morceau de nuit qui reste!

LE PETIT-DUC.

Il fait quitter
L'affût près des clapiers!

LE CHAT-HUANT.

Les fêtes carnassières!

LA HULOTTE.

Les sabbats où l'on va sur le poing des sorcières!

LE GRAND-DUC.

Quand il chante, on n'est plus dans son état normal!

LE CHAT-HUANT

On fait le mal en se pressant!

LE GRAND-DUC.

On le fait mal!

UN HIBOU.

Quand il chante, on n'est plus que dans du provisoire!

UNE CHOUETTE.

Dans de la nuit qu'on sait qui deviendra moins noire! —

LE CHAT-HUANT.

Quand son chant de métal a partagé la nuit,
On se tord comme un ver dans la moitié d'un fruit!

LE MERLE, qui n'y comprend rien, sur son fagot.

Pourtant, les autres coqs...

LE GRAND-DUC.

Leur chant n'est pas à craindre!
C'est le sien qu'il faudrait éteindre!

TOUS LES NOCTURNES, agitant leurs ailes, dans une longue plainte.

Éteindre! — Éteindre!

UN HIBOU.

Comment faire?

LE CHAT-HUANT.

Ce Merle a pour nous travaillé...

LE MERLE.

Moi?

LE CHAT-HUANT.

Oui, tu l'as raillé.

TOUS, avec leur ricanement et leur dandinement

Ha! ha!

LE GRAND-DUC, étendant les ailes.

Chut!

Ils reprennent leur immobilité sinistre.

LE CHAT-HUANT.

Mais, raillé,
Son chant n'agit pas moins sur notre vésicule.
Il est plus fort depuis qu'on le croit ridicule!

TOUS.

Comment faire?

LE CHAT-HUANT.

Le Paon, ce grand dadais...

TOUS, ricanant et se dandinant.

Ha! ha!

LE GRAND-DUC, ouvrant ses ailes.

Chut!

Immobilité.

LE CHAT-HUANT.

...Travaillant aussi pour nous, le démoda.
Mais, démodé, son chant n'est pas moins incommode :
Il est plus pur depuis qu'il n'est plus à la mode!

TOUS.

Comment faire?

UNE CHOUETTE.

Égorger ce Coq!

CRIS.

Oui, mort au Coq!

UN HIBOU.

Mort à cet aristo qui fait le démoc-soc!

UN AUTRE.

Il a des éperons, mais porte un bonnet rouge!

LE GRAND-DUC.

Tous les oiseaux de nuit, debout!

Tous grandissent, dressés, les ailes ouvertes, les yeux arrondis : il semble que la nuit augmente.

LE MERLE, inconscient et bouffonnant.

Le Minuit bouge!

LE CHAT-HUANT.

L'égorger? Mais nos yeux n'y voient plus quand il sort!

TOUS, dans un gémissement de chœur antique.

Las!

UN HIBOU, cauteleusement.

Comment égorger... de loin?

LE GRAND-DUC.

Par quel ressort?...

UNE VOIX, sur une branche.

Duc! développerai-je un plan?

LE GRAND-DUC.

Scops! développe.

TOUS, en voyant tomber de la branche un petit hibou qui s'avance par menus bonds.

Le Scops! le petit Scops!

LE SCOPS, s'inclinant devant le Grand-Duc.

Tu sais, ô Nyctalope!
Qu'en de tièdes jardins, là-bas, sur la hauteur,
Un éleveur d'oiseaux, qu'on nomme... aviculteur,
Nourrit, pour des concours qu'on appelle... agricoles,
Les plus splendides coqs des races les plus folles.
Or, le grand découvreur d'oiseaux rares, le Paon,
— Lequel, n'ayant qu'un cri qui perce le tympan,
Ne peut souffrir un chant qui perce la ténèbre, —
Le Paon, dont le système est de rendre célèbre
Tout animal étrange...

LE GRAND-DUC, à son voisin.

Et surtout étranger!

LE SCOPS.

...Rêve de présenter, demain, au potager,
Ces coqs chez la...

TOUS, ensemble, riant.

Pintade!

LE SCOPS.

...Et de lancer chez elle
Tous ces oiseaux dont la gloire sera pour celle
De Chantecler le dernier coup...

LE MERLE, sautillant.

D'aplatissoir.

LE CHAT-HUANT.

Mais ces coqs sont toujours enfermés!...

LE SCOPS.

Donc, ce soir,

Lorsqu'ouvrant leur volière une fille à la ronde
Leur lançait le maïs comme une grêle blonde,
Je surgis près du tronc velu d'un chamérops,
Et la fille...

UN HIBOU, à son voisin.

Il est très malin, ce petit Scops!...

LE SCOPS.

...En voyant cet oiseau de déplorable augure...

TOUS, ricanant et se dandinant.

Ha! ha!

LE GRAND-DUC, ouvrant ses ailes.

Chut!

Immobilité.

LE SCOPS.

...Prit la fuite, un bras sur sa figure!
La cage reste ouverte, et toute la smala
Rencontrera demain le Chantecler chez la...

TOUS, achevant dans un ricanement.

Pintade!

LE MERLE.

Il n'ira pas. Il a refusé.

LE SCOPS.

Bigre!

LE CHAT, flegmatique.

Continue : il ira.

LE MERLE, le regardant, de loin.

Qu'en sais-tu, petit tigre?

LE CHAT.

J'ai vu qu'une Faisane excitait ses transports,
Et j'ai vu qu'il irait.

LE MERLE.

Tu vois tout quand tu dors!

LE GRAND-DUC, au Scops.

Soit! il y va, j'admets!

LE SCOPS.

Chantecler, quoique illustre,
A gardé sa franchise implacable de rustre.
Quand il verra ce...

LE MERLE, lui soufflant le mot.

Five o'clock!

LE SCOPS.

...Et les états
Où se mettront les...

LE MERLE, même jeu.

Snobs!

LE SCOPS.

...Devant tous les...

LE MERLE, même jeu.

Rastas!

LE SCOPS.

...Il tiendra des propos qu'il faudra qu'on relève.

LE GRAND-DUC, tressaillant.

Et tu crois qu'un combat de coqs?...

LE SCOPS.

Duc, c'est mon rêve!

LE CHAT.

Mais, Scops, si c'était lui, le vainqueur?

LE SCOPS.

Angora!
Sache qu'entre ces coqs de luxe il y aura
Un vrai coq de combat, maigre, à l'aile orangée,
Celui...

LE MERLE, voyant tous les plumages se gonfler de joie.

Sensation profonde et prolongée!

LE SCOPS.

...Qui creva l'œil aux plus célèbres champions,
Le Pile Blanc! Et comme, à ses deux arpions,
Ce vainqueur des combats de Flandre et d'Angleterre
Porte, pour égorger ses ennemis à terre,

Deux rasoirs attachés par l'homme ingénieux,
Demain soir Chantecler sera mort, et sans yeux!

LE CHAT-HUANT, enthousiaste.

Nous irons regarder son cadavre!

LE GRAND-DUC, dressé, formidable.

Et sa crête,
Qui semblait sur son front de l'aurore concrète,
Nous la prendrons, joyeux d'avoir atteint le but,
Et nous la mangerons!

TOUS, avec un hurlement qui se termine en leur ricanement dandinant et féroce.

Man-ge-rons! — Ha! ha!

LE GRAND-DUC, ouvrant ses ailes.

Chut!

Immobilité.

LE SCOPS.

Puis...

LE MERLE, sautillant.

C'est déjà coquet!

LE SCOPS

Quoi?

LE MERLE.

Ce que tu proposes.
Mon Dieu! si je prenais au tragique les choses,
J'irais tout dire au Coq... Mais je n'en ferai rien,

Il conclut en quatre petits sauts :

— Car je sais — que, tout ça, — ça finira — très bien.

LE SCOPS, ironiquement.

Très bien!

Il reprend, de plus en plus excité :

Puis, si les coqs de races singulières
N'ont pas réintégré demain soir leurs volières,
Nous mangerons tout ça, qui de plus rien ne sert!

LE GRAND-DUC, à l'oreille de son voisin.

Et puis, nous mangerons le Merle pour dessert!

LE MERLE, qui n'a pas entendu.

Que dit-il?

LE SCOPS, vivement.

Rien!

Il reprend, avec une frénésie croissante :

Et puis...

ON ENTEND AU LOIN.

Cocorico!

Brusque silence. Le Scops s'arrête et se courbe, comme fauché. Tous les Hiboux gonflés semblent soudain maigrir.

TOUS, se regardant entre eux en clignotant.

Quoi? Qu'est-ce?

Et, tout de suite, ils ouvrent leurs ailes et se mettent à s'appeler pour fuir.

Grand-Duc! — Moyen! — Petit!

LE MERLE, sautillant de l'un à l'autre.

Vous partez? Rien ne presse!

VOIX D'UN NOCTURNE en appelant un autre.

Hibou!...

LE MERLE.

L'aurore est loin, vous avez tout le temps!

LE CHAT-HUANT.

Non! dès qu'il a chanté nos yeux sont clignotants!

UNE CHOUETTE.

Surnia, venez-vous?

UNE AUTRE, appelant.

Nyctale!

UNE AUTRE, qui la rejoint en voletant.

Oui, mon amie...

Tous titubent, s'empêtrent dans leurs ailes.

LE MERLE, stupéfait.

Ils trébuchent!

LES NOCTURNES, clignotant des yeux, avec de petits soubresauts de douleur.

Je souffre!... Ay!... ay!...

LE MERLE.

C'est l'ophtalmie!

Les Hiboux s'envolent un à un.

LE GRAND-DUC, resté le dernier, et tournant sur lui-même, avec un cri de douleur et de rage.

Mais comment fait-il donc, ce Coq pernicieux,
Pour avoir une voix qui vous fait mal aux yeux?

Il s'envole lourdement.

VOIX DE NOCTURNES, s'appelant au loin.

Strix!

LE MERLE, les suivant des yeux dans les branches, puis sur le gouffre bleu de la vallée.

Ils s'appellent!

VOIX AU LOIN.

Scops!

LE MERLE, penché sur le vallon, où les ailes noires passent et diminuent.

Leur vol tourne, — frissonne, —
Plonge...

VOIX qui appellent et meurent au loin.

Chouette du Mur!... de l'If!... du!...

LE MERLE.

Plus personne!

Il regarde autour de lui, sautille, et bouffonnant immédiatement :

Mais c'est l'heure où l'on soupe... A nous le grillon froid!

A ce moment, la Faisane sort d'un bond des broussailles et tombe devant lui.

Vous!...

SCÈNE II

LE MERLE, LA FAISANE, puis CHANTECLER

LA FAISANE, haletante, tragique.

J'ai couru... Vous étiez là... Je meurs d'effroi!...

Eh bien! vous avez dû surprendre leur mystère,
Vous, son ami?...

LE MERLE, fourrageant gaiement la mousse.

A nous le cuissot d'orthoptère!

LA FAISANE.

Moi, je guettais... de loin... J'étais dans un fossé...

D'une voix angoissée.

Eh bien?

LE MERLE, avec un sincère étonnement.

Quoi?

LA FAISANE.

Ce complot?

LE MERLE, calme.

Ça s'est très bien passé.

LA FAISANE, stupéfaite.

Hein?

LE MERLE.

L'ombre était du bleu qu'affectent les lessives,
Et des hiboux disaient des choses excessives.

LA FAISANE, bondissant.

Ciel! ils ont comploté sa mort!

LE MERLE.

Non, son trépas!
C'est bien moins dangereux!

LA FAISANE.

Mais...

LE MERLE.

Ne vous frappez pas!
Bien que le Chat-Huant ait la voix d'un burgrave,
Il se pourrait que tout ceci ne fût pas grave.

LA FAISANE.

Ces hiboux?...

LE MERLE.

La font bien... mais vieux jeu!

LA FAISANE.

Quoi?

LE MERLE.

Jeu vieux!

LA FAISANE.

Ah?...

LE MERLE, avec une douce pitié.

Ils ont des sourcils qui font le tour des yeux...
C'est trop! Et ce complet-complot, couleur muraille!

LA FAISANE, qui va et vient, fiévreuse.

Je ne comprends jamais tout à fait quand on raille.

LE MERLE, clignant de l'œil.

La Bohémienne, oui... vous la faites bien... je sai...

LA FAISANE.

Mais vous ne ririez pas s'il était menacé!
Ces bandits?...

LE MERLE.

Des bavards! En platine, leur sabre!
Et ce ne sont que des Brigands de la Palabre!

LA FAISANE.

Mais la Hulotte?...

LE MERLE.

Elle était chouette!

LA FAISANE.

Et le Grand-Duc?...

LE MERLE.

Il a deux phares qu'il rallume avec un truc :
Cric! crac!... Et quant à la Chevêche... hou! la vilaine!
Elle en a deux aussi, mais à l'acétylène!

LA FAISANE, perdue dans ce genre d'esprit.

Alors?...

LE MERLE.

Non, Zingara! J'affirme, en concluant,
Qu'il n'y a pas de quoi fouetter un chat-huant!

LA FAISANE.

Vraiment? J'avais si peur!

LE MERLE.

Frémissante Gypsie,
Voir des dangers partout, mais c'est la dyspepsie!
C'est parce que son œil sous l'aile se ferma
Que l'autruche a gardé son célèbre estomac!
— Tout s'arrange!

LA FAISANE, se laissant prendre à la commodité de cet optimisme.

Ah?...

LE MERLE.

Le jour d'aujourd'hui congédie,
Respectueusement, d'ailleurs, la Tragédie!

LA FAISANE.

Mais si nous prévenions Chantecler pour qu'il fût?...

LE MERLE.

Il irait provoquer! ça ferait un raffut!...

LA FAISANE, vivement.

Oui, c'est juste!

LE MERLE.

Quand on prévient, folle Gitane,
On fait un monde avec un pompon de platane!

LA FAISANE.

Vous avez du bon sens!...

LE MERLE.

Oui, Fille des Forêts!

VOIX DE CHANTECLER, au dehors.

Cô...

LA FAISANE, tressaillant.

Lui!

CHANTECLER, apparaissant à gauche, entre les houx, crie de loin :

Qui va là?

LA FAISANE.

Moi!

CHANTECLER, toujours de loin.

Seule?

LA FAISANE, regardant le Merle.

Oui!

LE MERLE, comprenant.

Je disparais!
Je vais souper...

LA FAISANE, bas, au Merle.

Alors?...

LE MERLE, lui faisant signe de ne pas parler.

Chut!...

Il va pour sortir à droite, en commandant :

Gazon, un cloporte!

LA FAISANE, même jeu.

Il faut tout lui cacher?

LE MERLE, avant de disparaître entre les pots de fleurs.

Disons plus : il opporte!

SCÈNE III

LA FAISANE, CHANTECLER

CHANTECLER, qui est descendu vers la Faisane.

Debout?

LA FAISANE.

Pour voir l'aurore.

CHANTECLER, tressaillant.

Ah?...

LA FAISANE.

Je suis, mon ami,

Très vertueuse !

CHANTECLER, soupirant.

Oui.

LA FAISANE, un peu malicieuse.

Qu'avez-vous ?

CHANTECLER.

J'ai mal dormi.

LA FAISANE.

Ah ?...

Un temps.

CHANTECLER.

Vous irez chez la Pintade ?

LA FAISANE.

Je ne reste
Aujourd'hui que pour elle.

CHANTECLER.

Ah ! oui...

Un temps.

Je la déteste.

LA FAISANE.

Venez chez elle.

CHANTECLER.

Non.

LA FAISANE.

Soit ! disons-nous adieu.

CHANTECLER.

Non.

LA FAISANE.

Alors, venez-y, vous m'y verrez un peu.

CHANTECLER.

Non.

LA FAISANE.

Vous ne viendrez pas ?

CHANTECLER.

J'irai. Mais ça me fâche.

LA FAISANE.

Pourquoi?

CHANTECLER.

C'est lâche!

LA FAISANE.

Oh! non, ça, ça n'est pas très lâche!

CHANTECLER.

Ah?...

LA FAISANE, se rapprochant doucement de lui.

Ce qui le serait...

CHANTECLER, la voyant venir avec effroi.

Qu'est-ce qui le serait?

LA FAISANE.

Ce serait de me dire un peu votre secret.

CHANTECLER, frémissant.

Le secret de mon chant?

LA FAISANE.

Oui!

CHANTECLER.

Faisane dorée!

Mon secret?

LA FAISANE, câline.

Quelquefois, quand je suis à l'orée
Du bois, je vous entends dans les premiers rayons.

CHANTECLER, flatté.

Ah?... mon chant est venu jusqu'à vos oreillons?

LA FAISANE.

Oui!

CHANTECLER, s'écartant violemment.

Mon secret! Jamais!

LA FAISANE.

Vous n'êtes pas affable.

CHANTECLER.

Non! je souffre!

LA FAISANE, récitant avec langueur.

Le Coq et la Faisane : fable.

CHANTECLER, à mi-voix.

Un Coq aimait une Faisane...

LA FAISANE.

Et ne voulait
Rien lui dire...

CHANTECLER.

Moralité...

LA FAISANE.

C'était très laid!

CHANTECLER, tout contre elle.

Moralité : ta robe a des frissons de soie!

LA FAISANE.

Moralité : je ne veux pas qu'on me tutoie!

Se dégageant.

Va retrouver ta poule à l'humble caraco!

CHANTECLER, piétinant.

Ah! je suis furieux!

LA FAISANE.

Mais non! Faites : Cô!...

Ils sont bec à bec.

CHANTECLER, avec fureur.

Cô!

LA FAISANE.

Oh! non! mieux que ça!

CHANTECLER, dans un long roucoulement tendre.

Cô...

LA FAISANE.

Regardez-moi sans rire!
Votre secret...

CHANTECLER.

Quoi?...

LA FAISANE.

Vous brûlez de me le dire!

CHANTECLER.

Oui, je sens que je vais le dire, et que j'ai tort!
Tout ça, parce qu'elle a sur la tête de l'or!

Il marche brusquement sur elle.

Seras-tu digne, au moins, d'avoir été choisie?
Jusqu'au fond ta poitrine est-elle cramoisie?

LA FAISANE.

Parle!

CHANTECLER.

Regarde-moi, Faisane, et, s'il se peut,
Tâche de découvrir toi-même, peu à peu,
Cette vocation dont ma forme est le signe.
Reconnais tout d'abord mon destin à ma ligne,
Et que, cambré comme une trompe, m'incurvant
Comme une espèce de cor de chasse vivant,
Je suis fait pour qu'en moi le son tourne et se creuse
Autant que pour nager fut faite la macreuse!
Attends!... Constate encor qu'impatient et fier
Et grattant le gazon de mes griffes, j'ai l'air
De chercher dans le sol, tout le temps, quelque chose...

LA FAISANE.

Eh bien! mais vous cherchez des graines, je suppose?

CHANTECLER.

Non! ce n'est pas cela que jamais j'ai cherché.
J'en trouve, quelquefois, par-dessus le marché,
Mais, dédaigneusement, je les donne à mes poules!

LA FAISANE.

Alors, griffant toujours la terre que tu foules,
Que cherches-tu?

CHANTECLER.

L'endroit où je vais me planter.
Car toujours je me plante au moment de chanter.
Observe-le!

LA FAISANE.

C'est juste, et puis tu t'ébouriffes.

CHANTECLER.

Je ne chante jamais que lorsque mes huit griffes
Ont trouvé, sarclant l'herbe et chassant les cailloux,
La place où je parviens jusqu'au tuf noir et doux!
Alors, mis en contact avec la bonne terre,
Je chante!... et c'est déjà la moitié du mystère,
Faisane, la moitié du secret de mon chant...
Qui n'est pas de ces chants qu'on chante en les cherchant,
Mais qu'on reçoit du sol natal, comme une sève!
Et l'heure où cette sève, en moi, surtout, s'élève,
L'heure où j'ai du génie, enfin, où j'en suis sûr,
C'est l'heure où l'aube hésite au bord du ciel obscur.
Alors, plein d'un frisson de feuilles et de tiges
Qui se prolonge jusqu'au bout de mes rémiges,
Je me sens nécessaire, et j'accentue encor
Ma cambrure de trompe et ma courbe de cor;
La Terre parle en moi comme dans une conque;
Et je deviens, cessant d'être un oiseau quelconque,
Le porte-voix en quelque sorte officiel
Par quoi le cri du sol s'échappe vers le ciel!

LA FAISANE.

Chantecler!

CHANTECLER.

Et ce cri qui monte de la Terre,
Ce cri, c'est un tel cri d'amour pour la lumière,
C'est un si furieux et grondant cri d'amour
Pour cette chose d'or qui s'appelle le Jour,
Et que tout veut ravoir : le pin sur ses écorces,
Les sentiers soulevés par des racines torses
Sur leurs mousses, l'avoine en ses brins délicats
Et les moindres cailloux dans leurs moindres micas;
C'est tellement le cri de tout ce qui regrette
Sa couleur, son reflet, sa flamme, son aigrette
Ou sa perle; le cri suppliant par lequel
Le pré mouillé demande un petit arc-en-ciel
A chaque pointe verte, et la forêt mendie
Au bout de chaque allée obscure un incendie;

Ce cri, qui vers l'azur monte en me traversant,
C'est tellement le cri de tout ce qui se sent
Comme mis en disgrâce au fond d'un vague abîme
Et puni de soleil sans savoir pour quel crime;
Le cri de froid, le cri de peur, le cri d'ennui
De tout ce que désarme ou désœuvre la Nuit;
De la rose tremblant, dans le noir, toute seule;
Du foin qui veut sécher pour aller dans la meule;
Des outils oubliés dehors par les faucheurs
Et qui vont se rouiller dans l'herbe; des blancheurs
Qui sont lasses de ne pas être éblouissantes;
C'est tellement le cri des Bêtes innocentes
Qui n'ont pas à cacher les choses qu'elles font,
Et du ruisseau qui veut être vu jusqu'au fond;
Et même — car ton œuvre, ô Nuit! te désavoue —
De la flaque qui veut miroiter, de la boue
Qui veut redevenir de la terre en séchant;
C'est tellement le cri magnifique du champ
Qui veut sentir pousser son orge ou ses épeautres;
De l'arbre ayant des fleurs qui veut en avoir d'autres;
Du raisin vert qui veut avoir un côté brun;
Du pont tremblant qui veut sentir passer quelqu'un
Et remuer encor doucement sur ses planches
Les ombres des oiseaux dans les ombres des branches;
De tout ce qui voudrait chanter, quitter le deuil,
Revivre, resservir, être une berge, un seuil,
Un banc tiède, une pierre heureuse d'être chaude
Pour la main qui s'appuie ou la fourmi qui rôde;
Enfin, c'est tellement le cri vers la clarté
De toute la Beauté, de toute la Santé,
Et de tout ce qui veut, au soleil, dans la joie,
Faire son œuvre en la voyant, pour qu'on la voie;
Et, lorsque monte en moi ce vaste appel au jour,
J'agrandis tellement toute mon âme pour
Qu'étant plus spacieuse elle soit plus sonore
Et que le large cri s'y élargisse encore;
Avant de le jeter, c'est si pieusement
Que je retiens ce cri dans mon âme, un moment;

Puis, quand, pour l'en chasser enfin, je la contracte,
Je suis si convaincu que j'accomplis un acte;
J'ai tellement la foi que mon cocorico
Fera crouler la Nuit comme une Jéricho...

LA FAISANE, *épouvantée.*

Chantecler!

CHANTECLER.

Et sonnant d'avance sa victoire,
Mon chant jaillit si net, si fier, si péremptoire,
Que l'horizon, saisi d'un rose tremblement,
M'obéit!

LA FAISANE.

Chantecler!

CHANTECLER.

Je chante! Vainement
La Nuit, pour transiger, m'offre le crépuscule;
Je chante! Et tout à coup...

LA FAISANE.

Chantecler!

CHANTECLER.

Je recule,
Ébloui de me voir moi-même tout vermeil,
Et d'avoir, moi, le coq, fait lever le soleil!

LA FAISANE.

Alors, tout le secret de ton chant?...

CHANTECLER.

C'est que j'ose
Avoir peur que sans moi l'Orient se repose!
Je ne fais pas : « Cocorico! » pour que l'écho
Répète un peu moins fort, au loin : « Cocorico! »
Je pense à la lumière et non pas à la gloire.
Chanter, c'est ma façon de me battre et de croire;
Et si de tous les chants mon chant est le plus fier,
C'est que je chante clair afin qu'il fasse clair!

LA FAISANE.

Mais il tient des propos qui sont fous! — Tu fais naître?...

CHANTECLER.

Ce qui rouvre la fleur, l'œil, l'âme et la fenêtre!
Parfaitement! Ma voix dispense la clarté.
Et quand le ciel est gris, c'est que j'ai mal chanté!

LA FAISANE.

Mais lorsque vous chantez en plein jour?

CHANTECLER.

Je m'exerce.
Ou bien, je jure au soc, à la bêche, à la herse,
A la faulx, de remplir mon devoir d'éveiller.

LA FAISANE.

Mais qui t'éveille, toi?

CHANTECLER.

La peur de l'oublier!

LA FAISANE.

Et crois-tu qu'à ta voix le monde entier s'inonde?...

CHANTECLER, simplement.

Je ne sais pas très bien ce que c'est que le monde :
Mais je chante pour mon vallon, en souhaitant
Que dans chaque vallon un coq en fasse autant.

LA FAISANE.

Pourtant...

CHANTECLER, remontant.

Mais je suis là, j'explique, je pérore,
Et je ne pense plus à faire mon aurore!

LA FAISANE.

Son aurore?

CHANTECLER.

Ah! je tiens des propos qui sont fous?
Je vais faire lever l'Aurore devant vous!
Et je sens qu'aux moyens dont mon âme dispose
Le désir de vous plaire ajoutant quelque chose
Qui me fera chanter comme sur des sommets,
Elle va se lever plus belle que jamais!

LA FAISANE.

Plus belle?

CHANTECLER.

Assurément! et de tout ce qu'ajoute
De force à la chanson de savoir qu'on l'écoute,
D'allégresse à l'exploit d'être fait sous des yeux!

Et se plantant sur le tertre qui domine la vallée, au fond :

Madame!...

LA FAISANE, *le regardant se découper sur le ciel.*

Qu'il est beau!

CHANTECLER.

Regardez bien les cieux!
Ils ont déjà pâli? C'est que j'ai, tout à l'heure,
Mis, par mon premier chant, le soleil en demeure
D'avoir à se tenir derrière l'horizon!

LA FAISANE.

Il est tellement beau qu'il semble avoir raison!

CHANTECLER, *parlant vers l'horizon.*

Ah! Soleil! je te sens là derrière, qui bouges!
Je ris déjà d'orgueil dans mes barbillons rouges!

Et, dressé sur ses ergots, tout à coup, d'une voix éclatante :

Cocorico!

LA FAISANE.

Quel souffle a gonflé son camail?

CHANTECLER, *vers l'Orient.*

Obéis-moi! Je suis la Terre et le Travail!
Ma crête a le dessin couché d'un feu de forge,
Et je sens le sillon qui me monte à la gorge!

Il chuchote mystérieusement.

Oui, oui, Mois de Juillet...

LA FAISANE.

A qui donc parle-t-il?

CHANTECLER.

...Je vais te le donner plus tôt qu'au Mois d'Avril!

Se penchant à droite et à gauche, comme pour rassurer.

Oui, la Broussaille! Oui, la Fougère!...

LA FAISANE.

Il est superbe!

CHANTECLER, à la Faisane.

Ah! c'est que tout le temps je dois penser...

Il caresse le sol de son aile.

Oui, l'Herbe!

A la Faisane.

...A tous ces humbles vœux dont je deviens la voix!

Parlant encore à des êtres invisibles.

L'échelle d'or?... Oui... pour danser tous à la fois...

LA FAISANE.

A qui promettez-vous une échelle?

CHANTECLER.

Aux Atomes!

— Cocorico!

LA FAISANE, qui guette le ciel et le paysage.

Un frisson bleu court sur les chaumes.
Une étoile s'éteint.

CHANTECLER.

Non! elle se voila!
Même quand il fait jour les étoiles sont là.

LA FAISANE.

Tu ne les éteins pas?

CHANTECLER, fièrement.

Je ne sais pas éteindre!
— Mais tu vas voir comment j'allume!

LA FAISANE.

Oh! je vois poindre...

CHANTECLER.

Quoi?

LA FAISANE.

Le bleu n'est plus bleu!

CHANTECLER.

Mais il est vert déjà!

LA FAISANE.

Le vert s'est orangé!

CHANTECLER.

Ce vert qui s'orangea,
C'est toi qui ce matin l'auras vu la première.

La plaine, au loin, se veloute de pourpre.

LA FAISANE.

Tout a l'air de finir par des champs de bruyère!

CHANTECLER, dont le cri commence à se fatiguer.

Cocor...

LA FAISANE.

Oh! dans les pins, du jaune!

CHANTECLER.

Il faut de l'or!

LA FAISANE.

Du gris!

CHANTECLER.

Il faut du blanc! Ça n'y est pas encor!
— Cocorico! — C'est très mauvais! mais je m'obstine!

LA FAISANE.

Chaque trou dans chaque arbre a l'air d'une églantine!

CHANTECLER, avec un enthousiasme croissant.

Je veux, puisqu'à ma foi vient s'ajouter l'amour,
Que le jour, aujourd'hui, soit plus beau que le jour!
Tiens! vois-tu qu'à ma voix l'Orient se pommelle?

LA FAISANE, entraînée par la folie du Coq.

C'est possible, après tout, puisque l'amour s'en mêle!

CHANTECLER, d'une voix de commandement.

Horizon! reprenez, à mes cocoricos,
Vos lignes de petits peupliers verticaux!

LA FAISANE, penchée sur la vallée.

On voit sortir de l'ombre un monde que tu crées!

CHANTECLER.

Je te fais assister à des choses sacrées.
— Collines des lointains, précisez vos contours! —
Faisane, m'aimez-vous?

LA FAISANE.

Nous aimerons toujours
Être dans le secret des Éveilleurs d'Aurore!

CHANTECLER.

Tu me fais mieux chanter. Viens plus près. Collabore.

LA FAISANE, bondissant près de lui.

Je t'aime!

CHANTECLER.

Oui! tous les mots que tu me dis tout bas
Deviennent aussitôt plus de soleil là-bas!

LA FAISANE.

Je t'aime!

CHANTECLER.

Et si tu dis seulement : « Je t'adore! »
Je vais dorer d'un coup la montagne!

LA FAISANE, hors d'elle.

Eh bien... dore!

CHANTECLER, lançant son cri le plus éclatant.

Cocorico!

La montagne s'est dorée.

LA FAISANE, montrant les collines qui restent violettes

Mais les coteaux?

CHANTECLER.

Chacun son tour!
C'est aux cimes d'abord de recevoir le jour!

— Cocorico!

LA FAISANE.

Ah! sur une pente engourdie
Glisse un premier rayon...

CHANTECLER, joyeusement.

Tiens! je te le dédie!

LA FAISANE.

Les villages lointains commencent à se voir!

CHANTECLER.

Coc...

Sa voix se brise.

LA FAISANE.

Vous n'en pouvez plus!

CHANTECLER, se raidissant.

Si! je veux en pouvoir!

Il lance éperdument :

Cocorico! Cocorico!

LA FAISANE.

Mais tu t'épuises!

CHANTECLER.

Vous voyez bien qu'il flotte encor des choses grises...
— Cocorico!

LA FAISANE.

Tu vas te tuer!

CHANTECLER.

Je ne vis
Que lorsque je me tue à pousser de grands cris!

LA FAISANE, serrée contre lui.

Je suis fière de toi!

CHANTECLER, ému.

Votre tête s'incline?

LA FAISANE.

J'écoute se lever le jour dans ta poitrine!
J'aime avoir entendu d'abord dans tes poumons
Ce qui sera plus tard des pourpres sur les monts!

CHANTECLER, tandis que les petites maisons lointaines commencent à fumer dans l'aurore.

Je te dédie encor ces fermes rallumées :
L'homme offre des rubans, moi j'offre des fumées!

LA FAISANE, regardant la plaine.

Je vois grandir ton œuvre au loin!

CHANTECLER, la regardant.

Moi, dans tes yeux!

LA FAISANE.

Sur les prés!

CHANTECLER.

Sur ton col!

Et, tout d'un coup, d'une voix étouffée :

Ah! c'est délicieux!

LA FAISANE.

Quoi?

CHANTECLER.

Je fais mon devoir en te rendant plus belle :
Je redore à la fois mon vallon et ton aile!

Mais s'arrachant à la tendresse, il se précipite vers la droite.

Mais l'ombre, en s'enfuyant, livre encor des combats :
Il reste quelque chose à faire par là-bas!
Cocorico!

LA FAISANE, regardant le ciel.

Oh! là...

CHANTECLER regarde aussi, et avec mélancolie :

Que veux-tu que j'y fasse?
L'étoile du matin s'efface!

LA FAISANE, avec le regret de la petite clarté que la Lumière est obligée d'effacer.

Elle s'efface!...

CHANTECLER.

Ah! mais... nous n'allons pas nous attrister ainsi?

Et s'arrachant à la mélancolie, il se précipite vers la gauche.

Il reste quelque chose à faire par ici!

Coc...

A ce moment des chants de coqs montent de la vallée. Il s'arrête et, doucement :

Tiens! les entends-tu maintenant?

LA FAISANE.

Qui donc ose?...

CHANTECLER.

Ce sont les autres coqs.

LA FAISANE, penchée sur la plaine.

Ils chantent dans du rose...

CHANTECLER.

Ils croient à la clarté dès qu'ils peuvent la voir.

LA FAISANE.

Ils chantent dans du bleu...

CHANTECLER.

J'ai chanté dans du noir.
— Ma chanson s'éleva dans l'ombre, et la première.
C'est la nuit qu'il est beau de croire à la lumière!

LA FAISANE, indignée.

Chanter en même temps que toi!...

CHANTECLER.

Ça ne fait rien.
Leurs chants prennent du sens en se mêlant au mien;
Et ces cocoricos tardifs, mais qui font nombre,
Hâtent, sans le savoir, la retraite de l'ombre.

Droit sur le tertre, il crie aux coqs lointains :

Oui, tous!...

CHANTECLER et TOUS LES COQS A LA FOIS.

Cocorico!

Puis :

CHANTECLER, seul, avec une cordialité familière.

Hardi, le jour!

LA FAISANE, trépignant à côté de lui.

Hardi!

CHANTECLER, jetant des encouragements à la Lumière.

Mais oui, c'est ce toit-là qu'il faut dorer, pardi!
Allons, voyons! du vert sur cette chènevière!

LA FAISANE, transportée.

Du blanc sur le chemin!

CHANTECLER.

Du bleu sur la rivière!

LA FAISANE, dans un grand cri.

Le soleil! Le soleil!

CHANTECLER.

Il est là! je le vois!
Mais il faut l'arracher de derrière ce bois!

Et tous les deux, reculant ensemble, ont l'air de tirer à eux et d'arracher. Chantecler, allongeant son chant comme pour haler le soleil :

Co...

LA FAISANE, criant sur le chant du Coq.

Il vient!

CHANTECLER.

...co...

LA FAISANE.

Voici...

CHANTECLER.

...ri...

LA FAISANE.

...qu'il sort...

CHANTECLER.

...co!

LA FAISANE.

...de l'orme!

CHANTECLER, dans un dernier cri sec et désespéré.

Cocorico!

Ils chancellent tous deux, inondés brusquement de lumière.

Enfin! c'est fait!

Il dit avec satisfaction :

Il est énorme!

Et vient tomber épuisé contre un talus.

LA FAISANE, courant à lui, tandis que tout achève de s'illuminer.

Un chant pour saluer le beau soleil levant!

CHANTECLER, tout bas.

Non! je n'ai plus de voix. Je l'ai donnée avant.

Et comme tous les coqs chantent dans la plaine, il ajoute doucement :

Ça ne fait rien. Il a les fanfares des autres.

LA FAISANE, *surprise.*

Comment! quand il paraît il n'entend pas les vôtres?

CHANTECLER.

Non, jamais.

LA FAISANE, *se révoltant.*

Mais alors, il croit peut-être bien
Que c'est eux qui l'ont fait lever?...

CHANTECLER.

Ça ne fait rien!

LA FAISANE.

Mais...

CHANTECLER.

Chut! Viens sur mon cœur, que je te remercie.
L'aurore n'a jamais été plus réussie.

LA FAISANE.

Mais par quoi serez-vous payé de votre mal?

CHANTECLER.

Par les bruits de réveil qui montent de ce val!

En effet, les rumeurs de la vie commencent à monter.

Dis-les moi. Je n'ai plus la force de les suivre.

LA FAISANE, *qui court se pencher au bord du promontoire, et écoute.*

J'entends un doigt qui frappe au bord du ciel de cuivre...

CHANTECLER, *les yeux fermés.*

L'Angélus.

LA FAISANE.

D'autres coups qui semblent être un peu
Un Angélus de l'homme après celui de Dieu...

CHANTECLER.

La forge.

LA FAISANE.

Un meuglement, puis un chant...

CHANTECLER.

La charrue.

LA FAISANE, écoutant toujours.

Un nid semble tombé dans la petite rue...

CHANTECLER, dont l'émotion grandit.

L'école.

LA FAISANE.

Des lutins que je ne peux pas voir
Se donnent des soufflets dans de l'eau...

CHANTECLER.

Le lavoir!

LA FAISANE.

Et, tout d'un coup, de tous les côtés, qui sont-elles
Ces cigales de fer qui se frottent les ailes?...

CHANTECLER, se redressant, plein d'orgueil.

Ah! puisque sur les faulx passent les affiloirs,
Les faucheurs dans les blés vont s'ouvrir des couloirs!

Les bruits augmentent et se mêlent : cloches, marteaux, battoirs, rires, chansons, grincements d'acier, claquements de fouets.

Tout travaille!... Et j'ai fait cela!... C'est impossible!
Ah! Faisane, au secours! Voici l'instant terrible!

Il regarde autour de lui, avec égarement.

J'ai fait lever le jour... moi! Pourquoi? Comment? Où?
Sitôt que ma raison revient, je deviens fou!
Car moi qui crois pouvoir rallumer l'or céleste,
Eh bien... ah! c'est affreux!...

LA FAISANE.

Quoi donc?

CHANTECLER.

Je suis modeste!
Tu ne le diras pas?

LA FAISANE.

Non, mon Coq!

CHANTECLER.

Tu promets?
— Ah! que mes ennemis ne le sachent jamais!

LA FAISANE, *émue.*

Chantecler!

CHANTECLER.

Je me trouve indigne de ma gloire.
Pourquoi m'a-t-on choisi pour chasser la nuit noire?
Oui, dès que j'ai rendu les cieux incandescents,
L'orgueil, qui m'enlevait, tombe. Je redescends.
Comment! moi, si petit, j'ai fait l'aurore immense?
Et, l'ayant faite, il faut que je la recommence?
Mais je ne pourrai pas! Je ne vais pas pouvoir!
Je ne pourrai jamais! Je suis au désespoir!
Console-moi!

LA FAISANE, *tendrement.*

Mon Coq!

CHANTECLER.

Je me sens responsable.
Ce souffle que j'attends quand je gratte le sable
Reviendra-t-il? Je sens dépendre l'avenir
De ce je ne sais quoi qui peut ne pas venir!
Comprends-tu maintenant l'angoisse qui me ronge?
Ah! le cygne est certain, lorsque son cou s'allonge,
De trouver, sous les eaux, des herbes; l'aigle est sûr
De tomber sur sa proie en tombant de l'azur;
Toi, de trouver des nids de fourmis dans la terre;
Mais moi, dont le métier me demeure un mystère
Et qui du lendemain connais toujours la peur,
Suis-je sûr de trouver ma chanson dans mon cœur?

LA FAISANE, *l'entourant de ses ailes.*

Oui, tu la trouveras, oui!

CHANTECLER.

Parle ainsi. J'écoute.
Il faut me croire quand je crois, pas quand je doute.
Redis-moi...

LA FAISANE.

Tu es beau!

CHANTECLER.

Non, ça, ça m'est égal.

LA FAISANE.

Vous avez bien chanté!

CHANTECLER.

Dis que j'ai chanté mal,
Mais que je fais lever...

LA FAISANE.

Oui, oui, je vous admire...

CHANTECLER.

Non! dis-moi que c'est vrai, ce que je viens de dire.

LA FAISANE.

Quoi?

CHANTECLER.

Que c'est moi qui fais...

LA FAISANE.

Oui, mon Coq glorieux,
C'est toi qui fais lever l'Aurore!

LE MERLE, apparaissant brusquement.

Eh bien, mon vieux! ..

SCÈNE IV

LES MÊMES, LE MERLE.

CHANTECLER.

Le Merle!... Mon secret!...

LE MERLE, s'inclinant avec admiration.

Ça!...

CHANTECLER.

Ce moqueur alerte!...

A la Faisane.

Ne nous laisse pas seuls! J'ai l'âme encore ouverte :
Les rires entreraient!

LE MERLE.

Ça! ça! c'est trop beau!

CHANTECLER.

Mais...
D'où sors-tu?

LE MERLE, montrant un des pots de fleurs, vide et renversé.

De ce pot.

CHANTECLER.

Comment?

LE MERLE.

J'y consommais
Du perce-oreille cru dans de la terre cuite,
Quand soudain... Ah! je veux t'exprimer tout de suite
Quel éblouissement...

CHANTECLER.

Mais...

LE MERLE.

Quoi? ça jette un froid
Qu'un pot puisse être un jour moins sourd qu'on ne le croit?

CHANTECLER.

Écouter dans un pot! Se peut-il qu'on s'abaisse?...

LE MERLE.

Ah! qu'importe le pot pourvu qu'on ait l'ivresse?
Et je viens de l'avoir! la grande! J'étais fou!
Je trépignais l'argile en lorgnant par le trou!

LA FAISANE.

Vous regardiez?

LE MERLE, désignant le trou qui est au fond du pot de terre.

Mais oui! ce rouge tronc de cône
Avait juste un trou noir pour passer mon bec jaune.
Et puis, c'était trop beau... Pardon, mais j'ai du goût!

LA FAISANE.

Puisque vous l'admirez, je vous pardonne tout!

CHANTECLER.

Mais...

LE MERLE, allant et venant avec agitation.

La belle Beauté!... j'y vais du pléonasme!

CHANTECLER, étonné.

Comment! toi, tu pourrais...

LE MERLE.

Tu sais, l'Enthousiasme,
Je ne suis pas porté sur ce genre de sport...
Eh bien, cette fois-ci, mon vieux, c'est Le Transport!

CHANTECLER.

Vraiment?

LE MERLE.

Je ne prends pas, tu vois, quand je t'admire,
Un pigeon voyageur pour te l'envoyer dire!
Ce Coq qui chante, hou!... Cette aurore qui luit,
Hou!...

LA FAISANE, au Coq.

Je crois que je peux vous laisser avec lui.

CHANTECLER.

Où vas-tu donc?

LA FAISANE, un peu gênée de sa frivolité.

Je vais chez la...

LE MERLE.

Car son aubade
A même fait lever le Jour... de la Pintade!

CHANTECLER, à la Faisane.

Dois-je y aller?

LA FAISANE, tendrement.

Sachant jusqu'où tu t'élevas,
Je te dispense de Pintade!

CHANTECLER, avec une pointe de mélancolie.

Et tu y vas!

LA FAISANE, gaiement.

J'ai besoin de montrer ton soleil sur ma robe!
Je reviens. Reste.

LE MERLE.

Oui, ça vaut mieux qu'il se dérobe!

CHANTECLER, le regardant.

Pourquoi?

LE MERLE, vivement.

Pour rien.

Et il recommence à s'extasier.

Ce Coq!...

CHANTECLER, à la Faisane.

Tu reviens vite?

LA FAISANE.

Oui, oui!

Bas, avant de sortir.

Tu vois, le Merle noir lui-même est ébloui!

Elle s'envole.

SCÈNE V

CHANTECLER, LE MERLE.

CHANTECLER, revenant vers le Merle, avec abandon.

Et ton sifflet?...

LE MERLE.

Ça me l'a coupé, d'une gifle!
C'est d'admiration, maintenant, que je siffle.

Comme ceci, tu sais...

Il siffle admirativement.

Hu!... Ça!.. hu!

Il hoche gravement la tête.

Ça, c'est bien!

CHANTECLER, avec naïveté.

Tu n'es pas si mauvais, je le disais au Chien.

LE MERLE, profondément convaincu.

Ça, tu sais, mon petit, c'est très fort!

CHANTECLER, modeste.

Oh!...

LE MERLE.

Pour plaire
Aux poules...

Il siffle encore admirativement.

Hu!... leur persuader qu'on peut faire
Lever l'aube!...

Mouvement de Chantecler.

Tout simple?... Il fallait le trouver!
C'est dans l'œuf de Colomb qu'on a dû te couver!

CHANTECLER.

Mais...

LE MERLE.

Tous les Don Juan, près de toi, sont des ânes :
Faire lever le jour pour lever des faisanes!...
Et c'était fait!...

CHANTECLER, d'une voix sourde.

Tais-toi!

LE MERLE.

Joli, le petit toit
Qu'il faut dorer! Parfait, les Atomes!

CHANTECLER, crispé de souffrance

Tais-toi!

LE MERLE.

Et le coup de l'accès modeste!... Oh! je t'adore!
Non, ce qu'il la connaît, celui-là!

CHANTECLER, se contenant, d'une voix brève.

Qui? l'Aurore?
Oui, j'ai l'honneur de la connaître.

LE MERLE.

Troubadour!
Tu ne crois pas que c'est arrivé?

CHANTECLER.

Quoi? le Jour?
Mais oui. C'est arrivé. Très bien.

LE MERLE

Oui, mon prophète!
Tu la fais bien. Il la fait bien. Elle est bien faite!

CHANTECLER.

La Lumière?... Assez bien! Je suis habitué.
Le Soleil m'obéit.

LE MERLE.

Oui, mon vieux Josué!
Tu sens venir l'aurore et puis tu coqueriques :
Il n'y a rien de plus roublard que ces lyriques!

CHANTECLER, éclatant.

Malheureux!

LE MERLE, surpris.

Dans ton pont, toi-même, tu coupas?

Clignant de l'œil.

Hein! nous savons comment ça se fait?

CHANTECLER.

Vous! Moi pas.
Moi, je chanté en m'ouvrant le cœur!

LE MERLE, sautillant.

C'est un système.

CHANTECLER.

Raille tout, mais pas ça, si tu m'aimes!

LE MERLE.

Je t'aime.

CHANTECLER, amèrement.

A moitié.

LE MERLE.

Quand on raille un peu ton « Fiat Lux »,
On n'est plus qu'un demi-Castor pour son Pollux?

CHANTECLER.

Oh! non, pas ça! pas ça!

LE MERLE.

Mon vieux, c'est pas ma faute,
Moi, je ne marche pas!

CHANTECLER, le suivant des yeux.

C'est juste, il saute, il saute!

Et essayant de l'arrêter dans son sautillement.

Mais vois dans quel état d'émotion je suis,
Ne fuis plus dans des mots!

LE MERLE, passant.

Prends-moi comme je fuis!

CHANTECLER, suppliant.

Il s'agit de ma vie, et de la plus profonde!
Oh! je veux te convaincre, oh! fût-ce une seconde!
J'ai besoin d'attraper ton âme...

LE MERLE, passant.

Ah?...

CHANTECLER.

Une fois!
Dans le fond, n'est-ce pas, tu m'as cru?

LE MERLE.

Je te crois!

CHANTECLER, avec l'angoisse la plus pressante.

Je pense que tu sais ce que ce chant me coûte?

LE MERLE.

Tu penses!

CHANTECLER.

Tu m'entends, n'est-ce pas?

LE MERLE.

Je t'écoute!

CHANTECLER.

Mais, voyons, pour chanter ainsi que j'ai chanté,
Tu sens bien qu'il fallait avoir...

LE MERLE.

Une santé!

CHANTECLER.

Ah! soyons sérieux, car nous avons des ailes!

LE MERLE.

Oui, c'est ça, proférons des choses éternelles!

CHANTECLER.

Mais pour voir poindre l'aube aux cris de son larynx,
Il faut être à la fois...

LE MERLE.

Feu Stentor et Feu Lynx!

Il s'évade, d'un saut.

CHANTECLER.

Cette âme...

Il se domine.

Oh! mais je tiens à la poursuivre encore!

Et avec une patience désespérée.

Voyons, le comprends-tu ce que c'est que l'Aurore?

LE MERLE.

Mais oui, mon vieux! c'est l'heure où l'horizon vermeil,
— Si j'ose m'exprimer ainsi, — pique un soleil!

Il s'évade, d'un saut.

CHANTECLER.

Que dis-tu quand tu vois sur les monts l'aube luire?

LE MERLE.

Je dis que la montagne accouche d'un sourire!

Il s'évade, d'un saut.

CHANTECLER, le suivant.

Et que dis-tu quand je chante dans le sillon
Même avant le grillon?

LE MERLE.

Pends-toi, brave Grillon!

Il s'évade, d'un saut.

CHANTECLER, hors de lui.

Tu n'as pas eu besoin de crier quelque chose
Lorsque j'ai fait lever une aurore si rose
Qu'un héron avait l'air, au loin, d'être un ibis?

LE MERLE.

Mais si, mais si, mon vieux, j'ai failli crier : bis!

Il s'évade, d'un saut.

CHANTECLER, épuisé.

Cette âme!... On est plus las d'avoir couru sur elle
Que d'avoir tout un jour chassé la sauterelle!

Violemment.

Tu n'as pas vu le ciel?...

LE MERLE, ingénu.

Je n'ai pas pu le voir :
On ne voit que le sol par le petit trou noir.

Il montre le pot de terre.

CHANTECLER.

Tu n'as pas vu trembler les cimes écarlates?

LE MERLE.

Pendant que tu chantais je regardais tes pattes!

CHANTECLER, douloureux.

Ah!...

LE MERLE.

Elles esquissaient, sur les mols terre-pleins,
Le pas de l'éveilleur d'aurore!

CHANTECLER, renonçant.

Je te plains!
Va-t'en vers l'ombre, Merle obscur!

LE MERLE.

Oui, Coq célèbre!

CHANTECLER.

Moi, c'est vers le Soleil que je cours!

LE MERLE.

Tel un Guèbre!

CHANTECLER.

Car sais-tu ce qui vaut de vivre uniquement?

LE MERLE.

Oh! non! n'élevons pas le débat, c'est plumant!

CHANTECLER.

L'effort! qui rend sacré l'être le plus infime!
C'est pourquoi, vil railleur de tout effort sublime,
Je te méprise. Et ce rose et frêle escargot,
Qui tâche à lui tout seul d'argenter un fagot,
Je l'estime.

LE MERLE, avalant prestement l'escargot que désigne le Coq.

Et moi, je le gobe.

CHANTECLER, avec un cri d'horreur.

Ah! c'est infâme!
Pour faire un mot, éteindre une petite flamme!
Tu n'as pas plus de cœur que d'âme. Assez. Je romps.

Il s'éloigne.

LE MERLE, sautant sur le fagot.

Oui, mais j'ai de l'esprit.

CHANTECLER, se retournant avec mépris.

Nous en reparlerons.

LE MERLE, qui devient acide.

Soit! je t'offrais gaîment quelques grains d'ellébore.
Je m'en lave après tout les pattes. Corrobore
Ce que tes ennemis vont racontant.

CHANTECLER, se rapprochant.

Qui? Quoi?

LE MERLE.

Joue à l'Oiseau-Soleil qui dit : « L'Éclat, c'est moi! »

CHANTECLER.

Tu fréquentes donc ceux qui me tiennent en haine?

LE MERLE.

Ah! ça te vexe?

CHANTECLER.

Oh! non, pauvre Calembredaine!
L'habitude t'emporte, et ce n'est plus exprès
Que même en amitié tu fais des à peu près.

Marchant sur lui.

Quels sont mes ennemis?

LE MERLE.

Les Hiboux.

CHANTECLER.

Imbécile!
Mais croire à mon destin me devient trop facile
Si les Hiboux sont contre moi!

LE MERLE.

Sois donc heureux :
Ils veulent — l'éclairage étant trop fort pour eux —

Faire couper...

CHANTECLER.

Quoi donc?

LE MERLE.

Le compteur!

CHANTECLER.

Le?...

LE MERLE.

Ta gorge!

CHANTECLER.

Par qui?

LE MERLE.

Par un confrère.

CHANTECLER.

Un Coq?

LE MERLE.

Un vrai Saint George!
Qui doit t'attendre...

CHANTECLER.

Où donc?

LE MERLE.

Chez la Pintade.

CHANTECLER.

Ah! bah!

LE MERLE

C'est un de ces oiseaux dressés pour le combat
Qui ne feraient de nous qu'une capilotade
Si nous allions...

Voyant Chantecler remonter brusquement.

Où donc vas-tu?

CHANTECLER.

Chez la Pintade!

LE MERLE.

Ah! c'est vrai, j'oubliais qu'on est des chevaliers!

Il feint de vouloir empêcher Chantecler de passer.

N'y va pas !

CHANTECLER.

Si !

LE MERLE.

Non !

CHANTECLER, s'arrêtant devant le pot, comme étonné.

Tiens !

LE MERLE.

Quoi donc?

CHANTECLER.

Vous ne teniez
Pas dans ce pot?

LE MERLE.

Mais si !

CHANTECLER, incrédule.

Comment?

LE MERLE, rentrant vivement dans le pot.

Je réitère !

Il passe son bec par le trou qui est au fond.

Par ce petit trou noir je regardais...

CHANTECLER.

La terre?
Tiens ! regarde le ciel par un petit trou bleu !

Et d'un formidable coup d'aile, il rabat le pot sur le Merle, qu'on entend se débattre sous ce chapeau d'argile, avec des sifflets étouffés.

Car vous fuyez l'azur, Empotés ! mais on peut,
Pour vous forcer d'en voir au moins une rondelle,
Retourner votre pot, quelquefois, — d'un coup d'aile !

Il sort.

Le rideau tombe.

ACTE TROISIÈME

LE JOUR DE LA PINTADE

LE DÉCOR

Un coin de jardin à la fois fleuriste et potager.

Le légume et la fleur. L'aubergine et le lys.
Le bouquet de la Nymphe et le repas du Faune.
Une rose qui règne. Une courge qui trône.
Lavande pour le linge. Oignon pour le coulis.

S'élançant du milieu des grands choux brocolis,
Et tournant vers le dieu dont il quête l'aumône
Sa figure de nègre à collerette jaune.
Le tournesol se donne un vert torticolis.

L'épouvantail, dans les fruitiers, se silhouette.
On voit un arrosoir auprès d'une brouette.
Une bêche est plantée entre les artichauts.

D'un petit mur blanchi tout un côté se mure;
Et, dessinée en bleu sur le blanc de la chaux,
L'ombre d'une framboise a l'air d'être une mûre.

SCÈNE PREMIÈRE

LA PINTADE; POULES, CANARDS, POUSSINS, etc.; LA FAISANE, LE MERLE, puis PATOU; CHŒUR INVISIBLE DE GUÊPES, D'ABEILLES ET DE CIGALES.

Au lever du rideau, grand jacassement et grouillement de poules et de poulets.

LA PINTADE, allant de l'un à l'autre avec impétuosité.

Bonjour, vous. — On ne peut circuler sans encombres.
Ma foule d'invités va jusques aux concombres!

CHŒUR, dans les airs.

Murmurons...

LA PINTADE, à une Poule.

Oui, c'est mon raout...

UNE POULE, regardant d'énormes citrouilles, pareilles à des grès flammés.

Quels potirons!

LA PINTADE.

Des céramiques d'art!

UN POUSSIN, qui écoute le chœur, bec levé.

On chante?

LA PINTADE.

Oui...

LE CHŒUR.

Murmurons...

LA PINTADE, dégagée.

J'ai les Guêpes !

A un Poulet.

Bonjour !

Elle tourbillonne.

LE CHŒUR DES GUÊPES.

Murmurons — Sur les mûres,
— Entourons — Les mûrons — De nos ronds — De murmures !

LA FAISANE, qui passe, avec le Merle, en riant.

Alors, vous étiez pris ?

LE MERLE, qui achève de lui raconter son histoire.

Comme sous un chapeau !
Mais en me débattant j'ai renversé le pot.

Regardant autour de lui.

— Chantecler n'est pas là ?

LA FAISANE, surprise.

Il vient donc ?

PATOU, qu'on voit brusquement paraître dans la brouette, d'où il contemple, comme d'une tribune, le va-et-vient.

Je souhaite
Qu'il change encor d'avis !

LE MERLE.

Patou dans la brouette ?

PATOU, remuant sa tête bourrue dans son collier où bat un tronçon de chaîne.

Chantecler, en passant, m'a tout dit, Merle noir.
J'ai cassé de fureur ma chaîne, — et je viens voir !

LA PINTADE, apercevant le Merle.

Il est là, le rossard ?... notre Prince des Gales ?

UN CHŒUR, dans les arbres.

Merci, — Soleil ! — Merci !

LA FAISANE, levant la tête.

Un Chœur ?

LA PINTADE.

J'ai les Cigales !

CHŒUR DES CIGALES.

Ici — C'est si — Vermeil — Qu'on s'y — Roussit ! — Merci !

LE PINTADEAU, vite et bas, à sa mère.

Les Tzigales, maman! Il faut prononcer « Tzi »!

UNE PIE, en habit noir et cravate blanche, annonce les invités à mesure qu'ils entrent par un de ces trous ronds que font les poules au bas des haies.

Le Jars!

LE JARS, entrant, guilleret.

On annonce? Hé!

LA PINTADE, modestement.

À la porte de ronce,
Oui, j'ai mis un huissier!

L'HUISSIER-PIE, annonçant.

Le Canard!

LE CANARD, entrant, ébloui.

On annonce?
Oh!

LA PINTADE, modeste.

Mon Dieu, oui! j'ai mis...

L'HUISSIER-PIE, annonçant.

La Dinde!

LA DINDE, entrant, pincée.

On annonce? Ah!

LA PINTADE.

Oui! J'ai pris le mari de la Pie en extra.

CHŒUR, dans les branches fleuries.

Abdomens — Veloutés, —

LA DINDE, levant le bec.

Un Chœur?

LA PINTADE, dégagée.

J'ai les Abeilles!

LE CHŒUR.

Transportez — Les pollens...

LA DINDE.

Ah! toujours des merveilles!

LA PINTADE.

Les Abeilles par là... les Tzigales par ci...

A une Poule qui passe.

Ah! bonjour, vous!

LES ABEILLES, à droite.

Pollens...

LES CIGALES, à gauche.

Merci!

LES ABEILLES.

Pollens...

LES CIGALES.

Merci!

LA PINTADE, à la Faisane.

J'ai dans mon potager tous les êtres notoires!

LE PINTADEAU.

La fleur des pois!

LA PINTADE.

Les gros légumes!

LE MERLE.

Et les poires!

LA FAISANE, bousculée par le va-et-vient, au Merle.

Derrière l'arrosoir mettons-nous un instant.

LE MERLE.

L'Arrosoir, surnommé le « Chauve Intermittent »,
Parce qu'on voit pousser, aussitôt qu'on le penche,
Sur son crâne de cuivre une perruque blanche!

LA PINTADE, apercevant le Chat, qui, allongé sur une branche de pommier, observe tout.

J'ai le vieux Chat.

LE MERLE.

Matousalem!

Sifflotis dans un poirier.

LA PINTADE, sautant.

J'ai le Pinson!

LE MERLE.

Le Chantre de Monsieur Poirier!

PATOU, écœuré.

Oh! du surnom!

LA PINTADE.

La Libellule!

LE MERLE

Mince, alors!

PATOU, furieux.

Esprit des Merles!

LA PINTADE, becquetant une feuille de chou d'où tombent des gouttes d'eau.

J'ai la Rosée!

PATOU, bourru.

A-t-elle un surnom?

LE MERLE.

Oui. « Tu perles! »

LA PINTADE, désignant plusieurs Poussins qui circulent.

Vous avez vu? J'ai les Poussins de la C. A.!

LA FAISANE.

La C. A.?

LA PINTADE.

La Couveuse Artificielle!

LA FAISANE.

Ah?

LA PINTADE, présentant les Poussins.

Tous du dernier tiroir!

LA FAISANE.

Ah?

UN POUSSIN, poussant de l'aile son voisin.

Elle est ébahie!

LA PINTADE, avec mépris.

Les œufs qu'on couve, oh!...

LE MERLE.

C'est « vieux œufs »!

L'HUISSIER-PIE, annonçant.

Le Cobaye!

LA PINTADE.

Le célèbre, celui qui fut inoculé,
Vous savez bien?... Eh bien, voilà, c'est lui! Je l'ai!
J'ai tout!... J'ai...

Au Cobaye.

Bonjour, vous!

A la Faisane.

...notre grand philosophe,
Le d'Hindon — oui, son nom s'écrit D apostrophe! —
Qui conférencia dans les groseilles, sous
Les rosiers-thé... Thé-Conférence!

A une Poule qui passe.

Bonjour, vous!

A la Faisane.

Thé-Conférence, ou bien Groseilles-Causerie!...

Elle tourbillonne.

J'ai tout! J'ai la Faisane en robe de féerie!
J'ai le Canard, qui m'organise un Gymkhanard!
J'ai la Tortue...

Elle s'aperçoit que la Tortue n'y est pas.

Ah! non! non! elle est en retard!

LE MERLE, avec componction.

Sur quoi, la Conférence, alors, qu'elle a perdue?

LA PINTADE, subitement grave.

Le Problème Moral!

LE MERLE, désolé.

Oh!

La Pintade remonte en tourbillonnant.

LA FAISANE, au Merle.

Qui ça, la Tortue?

LE MERLE.

Une vieille insensible aux problèmes moraux
Et qui fait du footing en costume à carreaux.

Bourdonnement dans des roses trémières.

LA FAISANE.

Tiens! un bourdon!

LA PINTADE, redescendant vivement

J'ai le Bourdon! Dans les lumières,
Comme il est chic!

LE MERLE.

Il est de toutes les trémières!

LA PINTADE, sautant après le Bourdon.

Bonjour, vous!

Elle le suit en tourbillonnant.

LE MERLE, se touchant le front du bout de l'aile.

Ça y est!

LA PINTADE, poussant, au fond, des cris de pintade.

C'est mon dernier raout!
— Bonjour! — C'est mon dernier raout avant août!

UNE POULE, voyant des cerises tomber autour d'elle.

Tiens! des cerises!

LA FAISANE, levant la tête.

C'est la brise!

LA PINTADE, redescendant vivement.

J'ai la Brise
Qui fait de temps en temps tomber une cerise!
On ne l'invite pas. Elle arrive impromptu.
J'ai le... j'ai la... j'ai...

Elle remonte en tourbillonnant.

LE MERLE.

Quand aura-t-elle tout eu?

En sautillant, il est arrivé à l'arbre où est le Chat, et, vite, à mi-voix :

Chat, — le complot?

LE CHAT, qui, de sa branche, regarde au loin par-dessus la haie

Ça va. Je vois venir la file
Des Coqs pharamineux que le Paon *modern-style*
Va présenter...

UN CRI AU DEHORS.

É...on!

Tout le monde se précipite vers l'entrée.

PATOU, grommelant.

Ce cri d'accordéon,
C'est...

L'HUISSIER-PIE, annonçant.

Le Paon!

LA FAISANE, au Merle.

Surnommé?

LE MERLE, imitant le cri.

Le Chevalier d'É...on!

SCÈNE II

LES MÊMES, LE PAON.

LA PINTADE, au Paon qui entre lentement, la tête immobile et haute

Maître adoré! venez vers les tournesols jaunes!
Paon! Tournesols! Je crois que c'est très Burne Jones!

TOUS, se pressant autour du Paon.

Cher Maître!

UN POULET, bas, au Canard.

On est lancé par un seul mot de lui!

UN AUTRE POULET, qui a réussi à s'approcher du Paon, en bégayant d'émotion.

Maître, que pensez-vous de mon dernier cui-cui?

Attente religieuse.

LE PAON laisse tomber :

Définitif.

Sensation.

UN CANARD, tremblant.

Et de mon coin-coin ?

Attente.

LE PAON.

Lapidaire.

Sensation.

LA PINTADE, ravie, aux Poules.

Sur tout il dit chez moi son mot...

LE PAON.

Hebdomadaire.

TOUTES LES POULES, se pâmant.

Oh !

UNE POULE, s'avançant, défaillante.

Comment trouvez-vous, Maître sacerdotal,
Ma robe ?

Attente.

LE PAON, après un coup d'œil.

Affirmative.

Sensation.

LA POULE DE HOUDAN, même jeu que l'autre.

Et mon chapeau ?

Attente.

LE PAON.

Total.

Sensation.

LA PINTADE, enthousiasmée.

Nos chapeaux sont totaux !

LA FAISANE, qui affecte de n'écouter que les Abeilles.

Ah ! le Chœur invisible
Revient !

LA PINTADE, présentant le Pintadeau au Paon.

Mon fils ! — Comment le trouvez-vous ?

LE PAON.

Plausible.

CHŒUR DES ABEILLES.

Murmurons...

LA PINTADE, ravie, courant à la Faisane

Oh! il est plausible!

LA FAISANE.

Qui?

LA PINTADE.

Mon fils!

CHŒUR DES ABEILLES.

Engouffrons — Nos fronfrons — Dans l'iris — Et le lys!

LA PINTADE, revenant au Paon.

Ce chœur est, n'est-ce pas, d'un rythme...

LE PAON.

Asynartète.

UNE POULE, à la Pintade.

Ma chère, ce qu'il l'a, celui-là, l'épithète!

LA PINTADE.

C'est le Prince de l'Adjectif Inopiné!

LE PAON, distillant ses paroles, d'une voix discordante et hautaine

Il est vrai que...

LA PINTADE.

Très bien!

LE PAON.

Ruskin plus raffiné,
Avec un tact...

LA PINTADE.

Oh! oui!

LE PAON.

...Dont je me remercie,
Je suis Prêtre-Pétrone et Mécène-Messie,
Volatile volatilisateur de mots,

Et que, juge gemmé, j'aime, emmi mes émaux,
Représenter ce Goût dont je suis...

PATOU.

O ma tête !

LE PAON, nonchalamment.

Le... dirai-je gardien ?

LA PINTADE, effervescente.

Oui !

LE PAON.

Non ! le Thesmothète !

Murmure de joie respectueux.

LA PINTADE, à la Faisane.

Vous voyez notre Paon !... Vous êtes émue ?...

LA FAISANE, un peu énervée.

Oui,
Car je sais que le Coq doit venir.

LA PINTADE, ravie.

Aujourd'hui ?
Alors, mon jour est un jour...

LE PAON, un peu pincé.

Faste.

LA PINTADE.

Un raout faste !

Elle annonce à tout le monde, avec enthousiasme.

Chantecler !

LE PAON, à mi-voix.

Vous aurez un triomphe plus vaste !

LA PINTADE, tressaillant.

Un triomphe ?

Le Paon hoche la tête avec mystère.

Lequel ?

LE PAON, s'éloignant.

Oh ! vous verrez !

LA PINTADE, impétueusement, le suivant.

Lequel ?

LE PAON.

Oh !

L'HUISSIER-PIE, annonçant.

Le Coq de Brækel ou Campine !

SCÈNE III

Les Mêmes, puis, peu à peu, LES COQS.

LA PINTADE, s'arrêtant, saisie.

Brækel ?

Chez moi ? C'est une erreur !

LE COQ DE BRÆKEL, s'inclinant devant elle.

Madame...

LA PINTADE, suffoquée devant ce Coq blanc aux brandebourgs noirs.

Ah ! ma surprise...

L'HUISSIER-PIE, annonçant.

Le Coq de Ramelslohe...

LA PINTADE.

O ciel !

L'HUISSIER-PIE, achevant.

...à patte grise !

LE PAON, négligemment, à l'oreille de la Pintade, pendant que l'éblouissant Ramelslohe salue.

C'est un des plus récents leucotites.

LA PINTADE, bouleversée.

C'est un...

C'est un...

L'HUISSIER-PIE, d'une voix de plus en plus éclatante.

Le Coq Wyandotte à croissants d'acier brun !

Frémissement parmi les Poules.

LA PINTADE, affolée.

Ah! Dieu du ciel!... Mon fils!

LE PINTADEAU, accourant.

Maman!

LA PINTADE.

Le Coq Wyandotte!

LE PAON, négligemment.

Coq à chapeau fraisé dont l'Art Nouveau nous dote!

LA PINTADE, aux nouveaux venus qu'entoure une rumeur d'étonnement.

Chapeau fraisé... Messieurs... Maîtres...

LE PINTADEAU, qui est allé regarder au dehors.

Maman!

LA PINTADE, aux Coqs.

Chez moi!

LE PINTADEAU.

Il en arrive encor!

L'HUISSIER-PIE

Le Coq de...

LA PINTADE, bondissant.

Ciel! de quoi?

L'HUISSIER-PIE.

...De Mésopotamie, à deux crêtes!

LA PINTADE.

Deux crêtes?...

Oh!

S'élançant vers le nouveau venu :

Mon cher Maître, oh!...

LE PAON.

Fi des formes désuètes!

J'ai voulu vous montrer quelques jeunes Messieurs
Un peu superlatifs et vraiment précieux!

LA PINTADE, revenue vers le Paon.

Oh! merci, mon cher Paon!

A la Faisane, d'un ton protecteur.

Pardon, petite amie,
Vous voyez, j'ai le Coq de Mésopotamie
Qui m'arrive...

Elle court vers lui, qui incline ses deux crêtes.

Cher Maître, ah! pour nous quel orgueil!

L'HUISSIER-PIE.

Coq d'Orpington, à plume raide autour de l'œil!

LA PINTADE, saisie.

A plume raide autour de l'œil! oh!...

LE MERLE.

Ça s'aggrave!

L'HUISSIER-PIE, tandis que la Pintade vole vers l'Orpington.

Coq Barbu de Varna!

LE PAON, à la Pintade.

Très slave!

LA PINTADE, lâchant l'Orpington pour le Barbu.

Oh! l'âme slave!
Cher Maître!... oh!...

L'HUISSIER-PIE.

Le Coq...

LA PINTADE, bondissant.

Ciel!

L'HUISSIER-PIE, achevant.

...patte rose Scotch Grey!

LA PINTADE, lâchant le Barbu pour le Scotch Grey.

Oh! cette patte rose! oh! qu'elle est à mon gré!
Lancer la patte rose!

Avec une conviction profonde.

Oh! quelle tentative!

L'HUISSIER-PIE.

Le Coq...

LA PINTADE, éperdue.

C'est impossible encor qu'il en arrive!

L'HUISSIER-PIE.

...A crête en gobelet!

LA PINTADE, qui s'élance chaque fois avec enthousiasme vers le nouveau venu.

Cher Maître!... oh! que c'est neuf!
Un gobelet!...

L'HUISSIER-PIE.

Le Coq Andalou Bleu!

LA PINTADE, se ruant vers l'Andalou.

Votre œuf
Fut pondu dans le creux vibrant d'une guitare,
Mon cher Maître!

L'HUISSIER-PIE.

Le Coq Langsham!

LE PAON.

C'est un Tartare!

TOUTES LES POULES, éblouies par ce géant noir

Un Tartare!

L'HUISSIER-PIE.

Coq de Hambourg crayonné d'or!

CRIS DES POULES, devant ce Coq galonné et coiffé d'un tricorne

Il est crayonné d'or! — C'est un Hambourg!

LE MERLE.

Major!

LA PINTADE.

Mon garden-potager-party sera célèbre!

Au Coq de Hambourg, dont le plastron est rayé de jaune et de noir.

Oh! Maître! oh! ce gilet! C'est en quoi?

LE MERLE.

C'est en zèbre!

LA PINTADE.

En zèbre!... Oh! ce sera l'honneur de toute ma...
De tout mon...

L'HUISSIER-PIE.

Le Coq...

LA PINTADE, bondissant.

Oh!

L'HUISSIER-PIE.

...de Burmah!

LA PINTADE.

De Burmah!

L'agitation augmente.

LE PAON.

C'est un Indien!

LA PINTADE.

Il a dans ses yeux l'âme hindoue!

Elle court vers le nouveau venu, et d'une voix idolâtre :

Cher Maître! L'âme hindoue!... oh!

L'HUISSIER-PIE.

Les Coqs de Padoue :
Le Padoue Hollandais de Pologne!

LA PINTADE.

Hollandais
De Pologne! Ah! c'est plus que je n'en demandais!

Les Padoue entrent, secouant leurs panaches.

L'HUISSIER-PIE.

Le Doré! — L'Argenté!

LA PINTADE, *devant le plumet retombant du dernier.*

Coiffé d'une cascade!

LE MERLE.

A plusieurs ponts!

LA PINTADE, *qui ne sait plus ce qu'elle dit.*

A plusieurs ponts!

LA FAISANE, *à Patou.*

Pauvre Pintade!

Elle répète tout !

L'HUISSIER-PIE, annonçant d'une voix de plus en plus éclatante des Coqs de plus en plus extraordinaires.

Coq de Bagdad !

LE PAON, qui domine le tumulte d'une voix de boniment

Il est
Très Mille et Une Nuits !

LA PINTADE.

Oh ! il est très Mille et...

TOUTES LES POULES.

Très Mille et...

LA PINTADE.

Oh !

LE PAON.

C'est Karamalzaman lui-même !

L'HUISSIER-PIE.

Coq Bantam à manchette !

LA PINTADE, transportée.

Oh ! que c'est dix-huitième !
Un nain ! un nain ! des nains !

LE PINTADEAU, à mi-voix.

Mais calme-toi, maman !

LA PINTADE, criant au milieu des Coqs.

Non, non ! je ne peux pas ! C'est Karamalzaman !
Je ne sais plus lequel je préfère, lequel je...

L'HUISSIER-PIE.

Le Coq de Gueldre !

LA PINTADE, se précipitant vers le nouveau venu.

Ah ! quel bonheur ! encore un Belge !

L'HUISSIER-PIE.

Le Coq Malais à col de serpent !

LA PINTADE.

Mon cher Paon,
Nous vous devrons ce col de cher Paon... de serpent...

L'HUISSIER-PIE.

Coq aux flancs de canard! — Coq à bec de corneille!
— Coq à pieds de vautour!

LA PINTADE, qui s'est jetée sur les nouveaux arrivants, pousse des clameurs devant le dernier.

Ça, c'est une merveille!
Un albinos! — Cher Maître! — Oh! sur sa tête, il a
Un fromage!...

UNE POULE.

A la crème!...

TOUTES LES POULES.

Oh! à la crème!... A la...

L'HUISSIER-PIE.

Coq Crèvecœur!

LA PINTADE, se précipitant.

Il a des cornes sur la tête!

LE PAON.

Un satanique!

L'HUISSIER-PIE.

Coq Ptarmigàn!

LE PAON.

Un esthète!

LA PINTADE, se précipitant.

Oh! il a sur la tête un casque assyrien!

L'HUISSIER-PIE.

Coq Pile Blanc!

LA PINTADE, se précipitant.

Il a sur la tête...

Elle s'arrête brusquement en apercevant sa crête rasée.

Il n'a rien!
C'est merveilleux!

LE CHAT, au Merle, du haut de son pommier, en lui désignant le Pile Blanc.

Voilà le bretteur! Son pied maigre

Cache un rasoir sous la poussière...

Le Pile Blanc disparaît dans la foule des Coqs de luxe qu'enveloppent les Poules piaillantes.

L'HUISSIER-PIE.

Le Coq Nègre!

LA PINTADE, affolée au milieu de tous ces Coqs, qui remplissent maintenant le potager d'aigrettes, de plumets, de casques, de colbacks, de crêtes doubles et triples :

Ah! cher Maître! — Ah! cher Maître! — Ah! cher...

PATOU.

Sa tête part!

LA PINTADE, dans le vide.

...Maître!

L'HUISSIER-PIE.

Le Coq à doigt supplémentaire par
Multiplication d'organes en série!
— Le Coq cou nu!

LA PINTADE.

Tout nu!

L'HUISSIER-PIE, rectifiant.

Cou nu!

LA PINTADE, à une Poule.

Ah! ma chérie!
Un Coq sans faux col!

LE MERLE.

Boum!

L'HUISSIER-PIE.

Les Coqs du Japon!

LE MERLE.

Bing!

L'HUISSIER-PIE.

Coq Splendens!

LA PINTADE, voyant ce Coq dont la queue a huit mètres de long.

Quel habit!

L'HUISSIER-PIE.

Coq Sabot!...

LE MERLE, voyant que celui-ci est, postérieurement, tout plat.

Quel smoking

L'HUISSIER-PIE, achevant l'annonce.

...Ou Coq sans croupion!

LA PINTADE, hors d'elle.

Il n'a pas de derrière!
C'est le couronnement de toute ma carrière!

Au nouveau venu, avec effusion.

Maître!... Sans croupion!... c'est du...

LE MERLE.

C'est du culot!

L'HUISSIER-PIE,
tandis que des Coqs de plus en plus hétéroclites surgissent.

Coq Walikikili, dit Choki-Kukullo!
— Pseudo-Chinois Cuculicolor!

LA PINTADE.

Quelle élite!

LE PAON.

Kaléidoscopiquement cosmopolite!

L'HUISSIER-PIE, annonçant.

Java bleu! — Java blanc!

LE MERLE, perdant toute pudeur.

Java bien!

LA PINTADE, se précipitant vers les Java.

Ah! Messieurs!...

L'HUISSIER-PIE.

Coq Brahma! — Coq Cochin!

LE PAON, glorieusement.

Les grands Coqs vicieux!
Tout l'Orient pourri!

LA PINTADE, enivrée.

Pourri!

LE PAON.

Grâce malsaine!

LA PINTADE, au Coq Cochin.

Ah! Maître! ah! quel honneur! Oh! qu'il a l'œil obscène!

L'HUISSIER-PIE, lançant à toute volée, comme gagné par le délire général.

Coqs du Chili frisés à l'envers! Coqs d'Anvers
A rebours!

TOUTES LES POULES, s'arrachant les nouveaux venus.

Oh! pourris! A rebours!

LA PINTADE.

A l'envers!

L'HUISSIER-PIE.

Le Coq sauteur sans patte!

UNE POULE, pâmée

Il saute avec son ventre!

LA PINTADE.

Un Coq en caoutchouc!

LA FAISANE, à Patou qui, de sa brouette, regarde au loin.

Et Chanteclcr?

PATOU.

Il entre
Bientôt.

LA FAISANE.

Tu l'aperçois?

PATOU.

Là-bas, grattant le sol.
Il vient.

L'HUISSIER-PIE.

Le Coq Ghoondook, à huppe en parasol!

CRI D'ENTHOUSIASME.

Oh!

L'HUISSIER-PIE.

Le Coq d'Ibérie à favoris de linge!

CRI D'ENTHOUSIASME.

Oh!

L'HUISSIER-PIE.

Le Coq Bans-Backin ou Joufflu de Thuringe!

CRI D'ENTHOUSIASME.

Oh!

L'HUISSIER-PIE.

Le Coq Cochino-Yankee de Plymouth-Rock!

CHANTECLER, apparaissant sur le seuil, derrière le dernier annoncé.

Voulez-vous annoncer tout simplement : le Coq?

SCÈNE IV

LES MÊMES, CHANTECLER, puis LES PIGEONS et LE CYGNE.

L'HUISSIER-PIE toise Chantecler; puis, avec dédain :

Le Coq.

CHANTECLER, du seuil, à la Pintade.

Excusez-moi, Madame...

Il s'incline.

— Mon hommage... —

D'oser me présenter chez vous dans ce plumage...

LA PINTADE.

Entrez! mais entrez donc!

CHANTECLER.

Je ne sais si je dois...

C'est que... je n'ai qu'un nombre assez restreint de doigts...

LA PINTADE, indulgente.

Ça ne fait rien!

CHANTECLER.

Jamais je ne fus des Karpathes...

Et... je ne sais comment le cacher... j'ai des pattes...

LA PINTADE.

Mais...

CHANTECLER.

...La crête en piment, l'oreille en gousse d'ail...

LA PINTADE.

Vous êtes excusé! costume de travail!

CHANTECLER, avançant.

...Et je n'ai pour habit — pardon d'être si sobre! —
Que tout le vert d'Avril et que tout l'or d'Octobre!
Je suis honteux. Je suis le Coq, le Coq tout court,
Qu'on trouve encor, parfois, dans une vieille cour,
Ce Coq fait comme un Coq, dont la forme subsiste
Sur le toit du clocher, dans les yeux de l'artiste,
Et dans l'humble jouet que la main d'un enfant
Trouve sous les copeaux d'une boîte en bois blanc!

UNE VOIX, ironique, partie des groupes éclatants.

Le Coq... Gaulois?

CHANTECLER, doucement, sans même se retourner.

Ce n'est pas un nom qu'on se donne
Quand on est aussi sûr que moi d'être autochtone;
Mais je vois, sur vos becs puisque ce nom vola,
Que lorsqu'on dit le Coq tout court, c'est celui-là!

LE MERLE, à Chantecler, bas.

J'ai vu ton assassin!

CHANTECLER, qui voit s'avancer la Faisane.

Tais-toi! Qu'elle ne sache
Rien!

LA FAISANE, coquettement.

Vous êtes venu pour me voir?

CHANTECLER, s'inclinant.

Je suis lâche!

LA PINTADE, qui écoute le Cochinchinois, lequel chuchote, très entouré des Poules.

Ce Coq Cochinchinois dit des horreurs!

CHANTECLER, se retournant.

Assez!

LES POULES,
autour du Cochinchinois, poussant des petits cris scandalisés.

Oh!

LA PINTADE, avec ravissement.

C'est le plus pervers de nos gallinacés!

CHANTECLER, plus fort.

Assez!

LE COCHINCHINOIS s'arrête, et, avec un étonnement narquois :

Le Coq Gaulois?

CHANTECLER.

Je ne suis pas de Gaule
Si vous donnez au mot un sens vilain et drôle!
Morbleu! chacune sait que mes claironnements
Sont loin d'avoir été... sopranisés au Mans;
Mais vos perversités pour petite drôlesse
Qui se fait dans les coins pincer les sot-l'y-laisse
Révoltent mon amour de l'Amour! Il est vrai
Que je tiens un peu plus à rester enivré
Que ces Cochinchinois qui mêlent, pour qu'on rie,
De la chinoiserie à leur... cochinerie,
Que mon sang court plus vite en un corps moins mastoc,
Et que je ne suis pas un... Cochin, — mais un Coq!

LA FAISANE, à mi-voix.

Viens dans les bois. Je t'aime!

CHANTECLER, qui regarde autour de lui.

Oh! voir enfin paraître
Un être véritable, un être simple, un être...

L'HUISSIER-PIE, annonçant.

Les Deux Pigeons!

CHANTECLER, n'en pouvant croire ses oreilles, à la Pintade.

Ce sont les Deux?...

LA PINTADE.

Je les attends!

CHANTECLER, respirant.

Enfin ! Les Deux Pigeons !

Il court vers l'entrée.

LES PIGEONS, entrant avec des sauts périlleux.

Hop !

CHANTECLER, qui recule.

Ils sont culbutants !

LES PIGEONS, se présentant entre deux culbutes.

Les Tumblers ! Clowns anglais !

CHANTECLER.

O La Fontaine ! où suis-je ?

LA PINTADE, bondissant derrière les acrobates, qui se perdent dans la cohue des invités.

Hop ! Hop !

CHANTECLER.

Les Deux Pigeons qui font de la voltige !
— Oh ! qu'une vérité ferait plaisir à voir !
Qu'une candeur...

L'HUISSIER-PIE, annonçant.

Le Cygne !

CHANTECLER, s'élançant avec joie.

Ah ! un Cygne !...

Reculant.

Il est noir !

LE CYGNE NOIR, se dandinant avec satisfaction.

J'ai laissé la blancheur et j'ai gardé la ligne !

CHANTECLER.

Et vous n'êtes plus rien que l'ombre du vrai Cygne !

LE CYGNE, interdit.

Mais...

CHANTECLER, l'écartant pour sauter sur un banc d'où il peut voir, par une brèche de la haie, la prairie, au loin.

Laissez-moi grimper sur ce banc. J'ai besoin
De voir si la Nature existe encore... au loin !

Ah! l'herbe est verte, une vache broute, un veau tette...
Et, bénissons le Ciel, ce veau n'a qu'une tête!

Il redescend auprès de la Faisane.

LA FAISANE.

Viens dans les bois naïfs, sincères et mouillés,
Où nous nous aimerons!

LE MERLE, à la Pintade, lui montrant Chantecler et la Faisane qui se parlent de très près.

Ça marche!...

LA PINTADE, émoustillée.

Vous croyez?

Elle ouvre ses ailes pour leur faire un paravent.

Ah! j'aime tant couver une intrigue secrète!

LE MERLE, passant son bec sous l'aile de la Pintade pour suivre le manège de la Faisane.

Oui, je crois qu'elle songe à s'annexer la Crête!

LA FAISANE, à Chantecler.

Viens!

CHANTECLER, reculant avec effroi.

Non! Je dois chanter où le sort me plaça!
Ici, je suis utile, on m'aime.

LA FAISANE, qui se souvient de ce qu'elle a entendu, la nuit dans la cour de ferme.

Tu crois ça!
— Non, non! Viens dans les bois où nous pourrons entendre
Deux vrais Pigeons encor s'adorer d'amour tendre!

LE DINDON, au fond.

Mesdames, le grand Paon...

LE PAON, modestement.

Le Surpaon... qui surprend!...

LE DINDON.

...Va nous faire la roue!... — A nos vœux il se rend... —

On se groupe. Tous les Coqs aux plumages inouïs sont en corbeille autour de leur Patron

LE PAON, s'apprêtant à faire la roue.

Mon Dieu, je suis — talent qui s'ajoute à ma liste ! —

Nonchalamment.

Dirai-je artificier ?

LA PINTADE, effervescente.

Oui !

LE PAON.

Non. Pyroboliste !
Car ils sont moins cuprins, prasins et smaragdins,
Les ruggiéresques feux des citadins jardins,
Quand pleuvent de tes ciels quatorze-juillettistes,
Capitale ! les capitules d'améthystes
Des chandelles dodécagynes...

CHANTECLER.

Sarpejeu !

LE PAON.

...Que, j'ose dire, moi, Mesdames, lorsque je...

LA FAISANE.

Ah ! j'ai compris le dernier mot !

LE PAON.

...Je, dis-je, éploie
L'éventaire-éventail, l'écrin-écran...

ON ENTEND UN CRI D'ADMIRATION.

Ah !

CHANTECLER, à la Faisane.

L'Oie !

LE PAON.

...Sur quoi j'offre au rayon qui rosit le roseau
Tous ces joyeux joyaux !

CHANTECLER.

Ah ! quel oiseux oiseau !

Le Paon a ouvert son éventail.

UN COQ, au Paon.

Maître, lequel de nous mettrez-vous à la mode ?

UN PADOUE, s'avançant en hâte.

Moi! — J'ai l'air d'un palmier!

UN CHINOIS, repoussant le Padoue.

Et moi, d'une pagode!

UN ÉNORME PATTU, repoussant le Chinois.

Moi! — Je porte un chou-fleur à mon calcanéum!

CHANTECLER.

Chacun est à la fois le Monstre et le Barnum!

TOUS, paradant et défilant sous les yeux du Paon.

Voyez mon bec! — Voyez mes pieds! — Voyez mes plumes!

CHANTECLER, leur criant tout d'un coup.

Ah! puisque vous ouvrez un tournoi de costumes,
Le vent vous fait bénir par un Épouvantail!

En effet, derrière eux, le vent a soulevé les bras de l'Épouvantail, qui, mollement, s'étendent au-dessus de cette mascarade.

TOUS, reculant.

Hein?

CHANTECLER.

Et ce Mannequin parle à cet Éventail!

Et, tandis que le vent passe, en leur prêtant une vie étrange, dans les loques vides et trouées :

Que dit le pantalon en dansant une gigue?
Mais... « Je fus à la mode! » — Et, terreur du becfigue,
Que dit le vieux chapeau qu'un pauvre refusa?
Mais... « Je fus à la mode! » — Et l'habit?... « Je fus à
La mode! » — Et ses deux bras que nul ne raccommode
Veulent saisir le vent qu'ils prennent pour la mode...
Et retombent! — Le vent est loin!

LE PAON, aux animaux qui restent un peu effrayés.

Mais, pauvres fous!

L'Objet ne parle pas!

CHANTECLER.

L'Homme dit ça de nous!

LE PAON, à mi-voix, à ses voisins.

Il m'en veut de ces Coqs que je viens d'introduire!

A Chantecler, ironiquement.

Que pensez-vous de ces beaux Messieurs qu'on voit luire?

CHANTECLER.

Je pense que tout ça c'est des coqs fabriqués
Par des négociants aux cerveaux compliqués
Qui, pour élucubrer un poulet ridicule,
A l'un prennent une aile, à l'autre un caroncule;
Je pense qu'en ces coqs rien ne reste du Coq;
Que tout ça c'est des coqs faits de bric et de broc
Qui montent mieux la garde au seuil d'un catalogue
Qu'au seuil d'une humble cour, à côté d'un vieux dogue.
Que tout ça, c'est des coqs frisottés, hérissés,
Convulsés, que n'a pas apaisés et lissés
La maternelle main de la calme Nature,
Et que tout ça n'est rien que de l'Aviculture!
Et que ces papegais aux plumages discords,
Sans style, sans beauté, sans ligne, et dont les corps
N'ont pas même de l'œuf gardé la douce ellipse,
Semblent sortir d'un poulailler d'Apocalypse!

UN COQ.

Mais, Monsieur...

CHANTECLER, s'exaltant.

Et je dis que — n'est-ce pas, Soleil? —
Le seul devoir d'un coq est d'être un cri vermeil!
Et lorsqu'on ne l'est pas, cela n'est pas la peine
D'être buboniforme ou révolutipenne,
On disparaît bientôt sans avoir rien été
Que la variété d'une variété!

UN COQ.

Mais...

CHANTECLER, allant maintenant de l'un à l'autre.

Oui, Coqs affectant des formes incongrues,
Coquemars, Cauchemars, Coqs et Coquecigrues,

Coiffés de cocotiers supercoquentieux...
— La fureur comme un Paon me fait parler, Messieurs !
J'allitère !... —

Et s'amusant à les étourdir d'une volubilité caquetante et gutturale :

Oui, Coquards cocardés de coquilles,
Coquardeaux Coquebins, Coquelets, Cocodrilles,
Au lieu d'être coquets de vos cocoricos,
Vous rêviez d'être, ô Coqs ! de drôles de cocos !
Oui, Mode ! pour que d'eux tu t'emberlucoquasses,
Coquine ! ils n'ont voulu, ces Coqs, qu'être cocasses !
Mais, Coquins ! le cocasse exige un Nicolet !
On n'est jamais assez cocasse quand on l'est !
Mais qu'un Coq, au coccyx, ait plus que vous de ruches,
Vous passez, Cocodès, comme des coqueluches !
Mais songez que demain, Coquefredouilles ! mais
Songez qu'après-demain, malgré, Coqueplumets !
Tous ces coqueluchons dont on s'emberlucoque,
Un plus cocasse Coq peut sortir d'une coque,
— Puisque le Cocassier, pour varier ses stocks,
Peut plus cocassement cocufier des Coqs ! —
Et vous ne serez plus, vieux Cocâtres qu'on casse,
Que des Coqs rococos pour ce Coq plus cocasse !

UN COQ.

Et le moyen de ne pas être rococo ?

CHANTECLER.

C'est de ne penser qu'au...

UN COQ.

Qu'au ?...

TOUS LES COQS.

Qu'au ?...

CHANTECLER.

Cocorico !

UN COQ, *avec hauteur.*

Nous y pensons, Monsieur, et l'avons fait connaître !

CHANTECLER.

A qui donc?

SCÈNE V

LES MÊMES, TROIS POULETS SAUTILLANTS qui circulent depuis un moment parmi les Coqs artificiels.

UN POULET SAUTILLANT.

Mais à nous!

DEUXIÈME POULET SAUTILLANT.

A nous!

TROISIÈME POULET SAUTILLANT.

A nous!

TOUS LES TROIS, s'inclinant ensemble.

Cher Maître!

PREMIER POULET, interrogatif.

La voix?

DEUXIÈME POULET, de même.

Basse?

TROISIÈME POULET, de même.

Ténor?

DEUXIÈME POULET.

Boudouresque?

TROISIÈME POULET.

Elleviou?

CHANTECLER, ahuri, regardant la Pintade.

Qu'est-ce que c'est? Un intermède?

LA PINTADE.

Une interview.

DEUXIÈME POULET.

La prenez-vous dans la poitrine?

TROISIÈME POULET.

Ou dans la tête?

CHANTECLER.

Si je la prends?...

PREMIER POULET.

Parlez! C'est l'Enquête!

CHANTECLER, voulant passer pour fuir.

L'Enquête?

TROISIÈME POULET, lui barrant le chemin.

L'Enquête sur le Mouvement Cocorical!

PREMIER POULET.

Votre premier repas, cher Maître, est-il frugal?

CHANTECLER.

Vous dont la question comme un chardon s'agrafe,
Qu'êtes-vous donc?

PREMIER POULET, saluant.

Je suis un Cocoricographe!

DEUXIÈME POULET, même jeu.

Un Cocoricologue!

TROISIÈME POULET, même jeu.

Un Cocorico...

CHANTECLER, épouvanté.

Bien!

Mais...

Il veut passer.

PREMIER POULET.

On ne passe pas quand on ne répond rien!

CHANTECLER, cerné.

Je...

DEUXIÈME POULET.

Vous devez avoir des tendances?

CHANTECLER.

Des foules!

DEUXIÈME POULET.

Vers quoi vous sentez-vous attiré?

CHANTECLER.

Vers les poules.

PREMIER POULET, qui ne rit pas.

Sur votre chant, de rien ne nous ferez-vous part?

CHANTECLER.

Mais... je le lance!

DEUXIÈME POULET.

Et quand vous le lancez?

CHANTECLER.

Il part!

TROISIÈME POULET, de plus en plus pressant.

Une règle par vous, Maître, est-elle suivie?

CHANTECLER.

Je...

PREMIER POULET.

Vous vivez?...

CHANTECLER.

Mon chant!

DEUXIÈME POULET.

Et vous chantez?

CHANTECLER.

Ma vie!

TROISIÈME POULET.

Mais comment chantez-vous?

CHANTECLER.

En me donnant du mal.

PREMIER POULET.

Mais scandez-vous le tripartite ou le normal?
Coc—ori—co, ou Co—co—ri...

Il bat la mesure furieusement avec son aile.

CHANTECLER, reculant.

Il va me battre!

DEUXIÈME POULET.

Rythmez-vous : *Un-un-deux? Un-trois? Trois-un?* Ou *quatre?*
— Quel est votre schéma dynamique?

LE MERLE, criant.

Qui n'a
Pas son petit schéma dynamique?

CHANTECLER.

Dyna?...

TROISIÈME POULET.

Où collez-vous l'accent? Sur le Co?...

CHANTECLER.

Si je colle
Sur le Co?...

TROISIÈME POULET.

Sur le ri?...

CHANTECLER.

Sur?...

PREMIER POULET, s'impatientant.

Quelle est votre École?

CHANTECLER.

Des Écoles de Coqs?...

DEUXIÈME POULET, avec rapidité.

Mais il y en a qui
Chantent Cocorico! d'autres, Kikiriki!

PREMIER POULET, de même.

On est cocoriquiste ou bien kikiriquiste!

CHANTECLER.

Coco?... Kiki?...

TROISIÈME POULET.

Monsieur, sans compter qu'il existe...

UN COQ, s'avançant.

Le seul vrai chant français, c'est : Cock-a doodle-doo!

CHANTECLER.

Mais quel est donc ce coq?

PREMIER POULET.

Un coq anglo-hindou!

DEUXIÈME POULET.

Et ce Turc, dont, là-bas, la crête a l'air d'un kyste,
Chante Coucouroucou!

LE TURC, s'avançant.

Je suis Coucourouquiste!

DEUXIÈME POULET, lui criant dans l'oreille.

Ne remplacez-vous pas, cher Maître, en certains cas,
Votre Cocorico par des Cacaracas?

CHANTECLER, sursautant.

Cacaraquiste, alors?

UN AUTRE COQ, surgissant à droite.

Moi, Monsieur, je supprime
Les voyelles!

Il chante :

K! K! K! K!

CHANTECLER, voulant fuir.

Suis-je victime
D'un songe?

UN AUTRE COQ, à gauche, s'avance en chantant.

O! O! I! O!... Avez-vous fait l'essai,
Quand vous cocoriquez, de supprimer les C?

CHANTECLER, éperdu.

Qu'est-ce que ces Chinois, ces Turcs et ces Arabes
Sont arrivés à faire avec quatre syllabes?

UN AUTRE COQ, écartant tous les autres.

Et moi, je mêle tout : Cocaricocacou!
Dans un chant libre et flou!

CHANTECLER.

Je deviens fou!

LE COQ, criant.

Flou!

CHANTECLER, de même.

Fou!

TOUS LES COQS, autour de lui, se battant entre eux.

— Non, Cacar! — Non, Kikir! — Non, Coucour!

CHANTECLER.

Lequel croi

LE COQ QUI MÊLE TOUT.

Le Cocorico libre! Il est obligatoire!

CHANTECLER.

Quel est ce coq qui parle avec autorité?

PREMIER POULET.

C'est un coq merveilleux qui n'a jamais chanté!

CHANTECLER, avec un humble désespoir.

Moi, je ne suis qu'un coq qui chante!...

TOUT LE MONDE, avec dégoût, s'écartant.

Oh! bien! bien!

CHANTECLER.

J'ose

Donner mon chant — comme un rosier donne sa rose!

LE PAON, sarcastique.

Oh! j'attendais la Rose!

Rires de pitié.

CHANTECLER, bas, nerveusement, au Merle.

Eh bien, mon assassin

Me fera-t-il croquer plus longtemps le poussin?

TOUT LE MONDE, avec dégoût.

La Rose!... oh!

LA PINTADE, écœurée de tant de banalité

Parlez-nous de fleurs plus...

LE PAON.

Obsolètes!

Avec la plus dédaigneuse impertinence.

Vous déclinez *Rosa*?

CHANTECLER.

Mais oui, Paon que vous êtes!
D'ailleurs, je vous pardonne, à vous, d'avoir osé
Mal parler devant moi de la Rose, *rosæ*;
Car, pauvre artificier, la lutte est inégale,
Et plus que tous vos feux la Rose est du Bengale!

Il regarde autour de lui.

Mais je somme les Coqs, du Dorking au Bantam,
De défendre avec moi...

UN COQ, négligemment.

Qui?

CHANTECLER.

La Rose, *rosam*;
De déclarer ici, sur-le-champ...

LE MERLE, ironique.

Tu te poses
Alors en champion?...

CHANTECLER.

Oui, *rosarum*, des Roses!
...Que l'on doit adorer...

UN COQ.

Qui?

CHANTECLER, avec une adoration de plus en plus provocante.

Les Roses, *rosas!*
Où dort la pluie ainsi qu'en des alcarazas,
Et qu'elles sont toujours et seront...

UNE VOIX, froide et coupante.

Des fichaises!

Tous les Coqs de luxe s'écartent, démasquant le Pile Blanc, qui apparaît long, maigre et sinistre, au fond, entre leurs deux rangées.

CHANTECLER.

Enfin!

LE MERLE.

C'est le moment de grimper sur les chaises!

CHANTECLER, au Pile Blanc,

Monsieur...

LA FAISANE.

Vous n'allez pas répondre à ce géant?

CHANTECLER.

Il suffit de parler de haut pour être grand.

Au Pile Blanc, en traversant lentement la scène pour aller vers lui.

Sachez qu'un tel propos ne saurait se permettre,
Et sachez que vous avez l'air...

Un poussin se trouvant entre lui et le Coq de combat, il le met doucement de côté, en lui disant :

Pardon, cher Maître!

Au Pile Blanc, en lorgnant avec impertinence sa crête coupée.

...D'un cacatois dont on rasa le catacoi!

LE PILE BLANC, stupéfait.

Catacoi?... cacatois?... Quoi? quoi? quoi?

CHANTECLER, bec à bec avec le Pile Blanc.

Quoi? quoi? qu

Un temps. Ils se regardent, les fraises hérissées.

LE PILE BLANC, avec emphase.

Aux Amériques, lors de ma grande tournée,
J'ai tué jusqu'à trois Clayborn dans ma journée.
J'ai tué deux Sherwoods, trois Smoks, un Sumatra.
J'ai tué — c'est pourquoi nul ne me combattra
Sans absorber d'abord quelques grains fébrifuges —
Cinq Red-Game à Cambridge et dix Brækel à Bruges!

CHANTECLER, très simplement.

Moi, Monsieur, je n'ai rien tué. Mais comme j'ai
Quelquefois secouru, défendu, protégé,
Peut-être suis-je brave à mon humble manière.
Ne prenez pas des airs de tranche-taupinière :
Je suis venu sachant que vous deviez venir.
Cette rose à mon bec était pour vous fournir
L'occasion de la stupidité brutale;

Vous n'avez pas manqué de la prendre au pétale...
Votre nom ?

LE PILE BLANC.

Pile Blanc ! Le vôtre ?

CHANTECLER.

Chantecler.

LA FAISANE, courant vers le Chien.

Patou !

CHANTECLER, fièrement, à Patou qui gronde entre ses dents.

Toi, reste neutre !

PATOU, roulant l'R.

Oui, mais c'est dur, mon cher !

LA FAISANE, à Chantecler.

Un coq ne se fait pas tuer pour une rose !

CHANTECLER.

Quand on touche à la fleur, le Soleil est en cause !

LA FAISANE, courant vers le Merle.

Tout s'arrange, pourtant, vous me l'aviez promis !

LE MERLE.

Tout s'arrange, excepté les duels des amis !

LA PINTADE, poussant des cris de désespoir.

Ah ! c'est affreux ! un five o'clock où l'on se tue !
Quel malheur...

A son fils.

...qu'il n'y ait pas encor la Tortue

UNE VOIX, criant, comme on crie une cote.

Chantecler, dix contre un !

LA PINTADE, plaçant son monde, faisant grimper les Poules sur les pots de fleurs, sur les citrouilles, sur les chaises

Vite !

LE MERLE.

Elle est au bonheur :
Elle fait les honneurs d'une affaire d'honneur !

Un grand cercle se forme. Au second rang, les Coqs bizarres ; au premier, avides du spectacle, toutes les Poules, tous les Poulets, tous les Canards de la basse-cour.

PATOU, à Chantecler.

Sois vainqueur! Ce public voudrait voir tes entrailles!

CHANTECLER, tristement.

Je n'ai fait que du bien.

PATOU, lui montrant le cercle d'attente et de haine.

Regarde!

Tous les cous sont tendus. Tous les yeux luisent. C'est hideux. Chantecler regarde, comprend, et baisse la tête.

LA FAISANE, avec un cri de mépris.

Ah! les volailles!

CHANTECLER, se redressant.

Soit! On saura du moins qui j'étais, aujourd'hui;
Et mon secret, je vais...

PATOU, vivement.

Non! pas si c'est celui
Qu'a deviné mon cœur de vieil idéaliste!

CHANTECLER, s'adressant à tous d'une voix éclatante, la poitrine offerte, comme celui qui va confesser sa foi.

Sachez tous que c'est moi...

Un silence terrible se fait. Au Pile Blanc qui a un geste d'impatience.

Pardon, cher duelliste!
Mais je veux faire, avant de me faire tuer,
Quelque chose de brave!...

LE PILE BLANC, surpris.

Ah?

CHANTECLER.

Me faire huer!

LA FAISANE.

Non!

CHANTECLER.

Je tiens à mourir sous les rires!

A la Foule.

Déferle,
Blague! Préparez-vous, les élèves du Merle!

D'une voix qui monte encore et qui martèle.

C'est moi qui, de mon chant, vous rallume les cieux!

Stupeur. Puis, un rire immense secoue la foule.

Tout le monde rit bien? En garde!

LE PADOUE DORÉ, inclinant son colback.

Allez, Messieurs!

Le combat commence.

ON ENTEND AU MILIEU DE LA TEMPÊTE DES RIRES.

C'est tordant! — C'est torsif! — Je me tords! — Je suis torte!

LE MERLE.

Cette vieille gaîté française n'est pas morte!

UN POULET.

Il allume en chantant!

UN CANARD.

Il chante en allumant!

CHANTECLER, tout en évitant les coups que le Pile lui porte.

Oui, c'est moi qui vous rends la lumière!

UN POUSSIN.

Et comment?

CHANTECLER, d'une voix solennelle, tout en parant et ripostant.

Parce qu'il ne veut rien détruire ou faire éclore,
Le chant des autres coqs n'est qu'un rhume sonore!
Le mien...

Il reçoit une blessure.

UNE VOIX.

Pan! sur le cou!

CHANTECLER.

...fait lever...

Il reçoit une blessure.

LE DINDON.

Cet orgueil!

CHANTECLER.

...La Lum...

Il est encore frappé.

UNE VOIX.

Pan ! sur le bec !

CHANTECLER.

...la Lumi...

UNE VOIX.

Pan ! sur l'œil !

CHANTECLER, hagard, aveuglé de sang.

..La Lumière !

UNE VOIX, gouailleuse.

C'est à se faire obscurantiste !

CHANTECLER, qui répète machinalement sous les coups.

C'est moi qui fais lever l'Aurore !

PATOU, aboyant.

Oui ! oui !

LA FAISANE, sanglotant.

Résiste !

UN POULET.

Mes enfants, un surnom pour l'Aurore !

TOUS, trépignant.

Oui !...

Le Pile Blanc se rue sur Chantecler.

LA FAISANE.

Quel choc !

LE MERLE, servant le surnom demandé

La Grande Horizontale !

UNE VOIX.

Un surnom pour le Coq !

TOUS, trépignant.

Oui !

LE MERLE.

Le Chef de Rayons !

UNE AUTRE VOIX.

Voyez Clarté Latine !

CHANTECLER, qui se défend pied à pied.

Merci ! — Un quolibet encor ! car je piétine !

UNE VOIX.

Le Réveille-Latin !

CHANTECLER, qui ne semble plus soutenu que par les insultes.

Encore un calembour !
Et moi qui n'ai jamais fait d'armes qu'en la cour
D'une ferme...

UNE VOIX.

Ton bec !

CHANTECLER.

Merci !... Je...

Ses plumes, arrachées, volent autour de lui.

CRI DE JOIE.

On le plume !

CHANTECLER.

...Je sens... — Une ineptie encore !

UN POUSSIN.

Allume ! allume !

CHANTECLER.

Merci !... — Je sens que plus on va parodiant,
Injuriant, criant, riant, niant...

UN ANE, passant sa tête par-dessus la haie.

Hi-han !

CHANTECLER.

Merci !... — mieux je saurai me battre !

LE PILE BLANC, ricanant.

Il sait se battre !
Mais il s'épuise !

LA FAISANE, suppliante.

Assez !

UNE VOIX.

Le Pile, on paye quatre !

LA FAISANE, voyant la gorge ensanglantée de Chantecler.

Du sang!

UNE POULE, se dressant sur la pointe des pattes, derrière le Padoue Doré.

Je voudrais voir le sang!

LE PILE BLANC, fonçant furieusement.

J'aurai ta peau!

LA POULE QUI VEUT VOIR.

Le chapeau du Padoue est devant moi!

LE MERLE.

Chapeau!

On sent que Chantecler est perdu. Il se met en boule, comme pour mourir.

UNE VOIX.

Quel coup! C'est à la crête!

CRIS PERÇANTS DE LA FOULE EN DÉLIRE.

Arrache! — Égorge! — Assomme — Tue!

PATOU, dressé dans la brouette.

Avez-vous fini de pousser des cris d'homme?

CRIS CADENCÉS, rythmant férocement les coups reçus par Chantecler.

C'est à l'œil! — C'est au front! — C'est à l'aile! — C'est à...

Brusque silence.

CHANTECLER, surpris.

Tiens! le cercle se brise et le bruit s'arrêta?...

Il regarde autour de lui. Le Pile, cessant de l'attaquer, a reculé contre la haie. Un mouvement étrange se produit dans la foule. Chantecler, épuisé, sanglant, trébuchant, ne comprenant pas ce qui se passe, murmure :

Que préparent-ils donc contre mon agonie?...

Et tout d'un coup, ému.

— Ah! Patou, quel bonheur!

PATOU.

Quoi?

CHANTECLER.

Je les calomnie!

Car tous, cessant de rire et de m'injurier,
Se rapprochent de moi, maintenant!

PATOU, voyant que tous, en se rapprochant de Chantecler, observent le ciel avec inquiétude, lève la tête, regarde, et dit simplement :

L'Épervier!

CHANTECLER.

Ah!

Une ombre passe avec lenteur sur la foule bariolée, qui se serre et qui se baisse, en se rapprochant de plus en plus, instinctivement, de Chantecler.

PATOU.

On ne compte pas, quand sa grande ombre passe,
Sur les Coqs étrangers pour chasser le Rapace!

CHANTECLER, soudain relevé, grandi, ses blessures oubliées, gagne le milieu, et de sa voix de commandement :

Oui! tous autour de moi!

Et tous, aussitôt, la tête rentrée dans les ailes, viennent précipitamment s'écraser autour de lui.

LA FAISANE.

Cher être brave et doux!

L'ombre passe une seconde fois. Le Coq de Combat lui-même se fait petit. Il n'y a plus que Chantecler debout au milieu d'un tas de plumes ébouriffées et tremblantes.

UNE POULE, suivant des yeux l'Épervier.

Deux fois déjà son ombre a mis du noir sur nous!

CHANTECLER, appelant les Poussins qui courent affolés.

Par ici, les Poussins!

LA FAISANE.

Tu les prends sous ton aile?

CHANTECLER.

Il faut bien... Leur maman est artificielle!

L'ombre de l'Épervier, qui décrit des cercles toujours plus bas, passe une troisième fois, plus noire.

LA FAISANE, les yeux levés.

Il plane !

TOUS, dans un gémissement de terreur.

Oh !

CHANTECLER, criant vers le ciel, d'une voix éclatante.

Je suis là !

PATOU.

Il entend ton clairon...

LA FAISANE.

S'éloigne...

L'ombre a passé.

TOUS se redressent dans un cri joyeux de délivrance.

Ah !

Et vont en courant reprendre leur place, pour voir la fin du combat.

PATOU.

Et l'on voit se reformer le rond !

CHANTECLER, tressaillant.

Tu dis?

Il regarde. C'est vrai, le cercle s'est instantanément reformé. Les cous sont tendus, les yeux luisent.

LA FAISANE.

Et maintenant, tous veulent qu'on te tue,
Pour se venger sur toi de la peur qu'ils ont eue !

CHANTECLER.

On ne me tuera plus ! Je me suis redressé
Quand l'Ennemi de tous dans le ciel a passé !

Il marche sur le Pile.

Et j'ai repris courage en tremblant pour les autres !

LE PILE BLANC, stupéfait d'être vigoureusement attaqué.

Mais ses forces, soudain?...

CHANTECLER.

Valent trois fois les vôtres !
Car m'excitant au noir comme au rouge un taureau,
J'ai vu trois fois la Nuit dans l'ombre d'un oiseau !

Le Pile Blanc, acculé contre la haie, se prépare à faire usage de ses couteaux.

LA FAISANE, criant.

Gare ! il a deux ergots d'acier tranchant, la brute !

CHANTECLER.

Je le savais !

LE CHAT, du haut de son arbre, au Pile Blanc.

Sers-toi de tes rasoirs !

PATOU, prêt à s'élancer de la brouette.

Minute !
S'il s'en sert, je l'étrangle !

LA FOULE, déçue.

Oh !

PATOU.

Malgré les clameurs !

LE PILE BLANC, se sentant perdu.

Tant pis !

LA FAISANE, qui ne le quitte pas des yeux.

Il fait tourner un des rasoirs !

LE PILE BLANC, frappant de son ergot tranchant.

Tiens, meurs !

Il pousse un cri terrible, cependant que Chantecler, sautant de côté, a évité le coup

Ah !

Il s'effondre. Cri de stupéfaction.

PLUSIEURS VOIX.

Qu'est-ce ?

LE MERLE, qui est allé regarder en sautillant.

Rien. Il s'est, d'une façon adroite,
Coupé la patte gauche avec la patte droite.

LA FOULE, poursuivant d'une huée le Pile, qui, s'étant péniblement relevé, se sauve à cloche-pied.

Hu !

PATOU et LA FAISANE, riant, pleurant, parlant à la fois autour de Chantecler, qui est demeuré immobile, exténué, les yeux fermés.

Chantecler ! — C'est nous ! — La Faisane ! — Le Chien !
—Que nous dis-tu ?

CHANTECLER, rouvrant les yeux, les regarde et dit doucement :

Le jour se lèvera demain !

SCÈNE VI

LES MÊMES, moins LE PILE BLANC

LA FOULE, après avoir reconduit le Pile, revenant en tumulte vers Chantecler, qu'elle acclame.

Hourrah !

CHANTECLER, avec un haut-le-corps, et d'une voix terrible.

Arrière tous ! J'ai vu ce que vous êtes !

La foule recule précipitamment.

LA FAISANE, bondissant auprès de lui.

Viens donc voir dans les bois de véritables bêtes !

CHANTECLER.

Non, je reste !

LA FAISANE.

Sachant ce qu'ils sont ?

CHANTECLER.

Le sachant !

LA FAISANE.

Tu veux rester ici ?

CHANTECLER.

Pas pour eux, — pour mon chant !
Il jaillirait moins clair d'un autre sol, peut-être !
Mais pour rapprendre au jour qu'il est sûr de renaître,
Je vais chanter !

Mouvement obséquieux de la foule pour se rapprocher.

Arrière tous ! Je n'ai plus rien
Que mon chant !

Tous reculent, et, seul avec son orgueil, il commence :

Co...

A lui-même, se raidissant contre la douleur.

Plus rien que mon chant ! Chantons bien

Il recommence à chanter.

Co... Tiens! prends-je ma voix de gorge, ou... Co... de tête?
Scanderai-je : *Un-trois?*... Co... Et l'accent?... Ça m'arrête,
Tout ça! — *Deux-deux*... *Trois-un*... Coucour... — Depuis qu'on m'a
Fait penser à tout ça... Kikir... Et le schéma?...
Coc...

Pris d'une angoisse.

Je suis embrouillé d'écoles et de règles!
Leur vol décomposé ferait tomber les aigles,
Et...

Il essaye un dernier chant qui avorte en un son rauque :

Coc... je ne peux plus chanter, moi dont la loi
Fut d'ignorer comment, mais de savoir pourquoi!

Dans un cri de désespoir.

Je n'ai plus rien! Ils m'ont tout pris! Mon chant lui-même!
Comment le retrouver?

LA FAISANE, lui ouvrant ses ailes.

Viens dans les bois...

CHANTECLER, se jetant sur son cœur.

Je t'aime!

LA FAISANE.

...Où jamais des oiseaux on n'embrouille la voix!

CHANTECLER.

Partons!

Il remonte avec elle; et se retournant avant de sortir :

Mais je veux dire au moins...

LA FAISANE, essayant de l'entraîner.

Viens dans les bois!

CHANTECLER.

...A tout le Pintadisme assemblé sous ces treilles :
Laissez le potager... — n'est-ce pas, les Abeilles? —
Travailler à changer en fruits sa floraison!

BOURDONNEMENT DES ABEILLES.

Il a raison! — Il a raison! — Il a raison!

CHANTECLER.

Rien ne se fait de bon dans le bruit. Il empêche
La branche...

LE BOURDONNEMENT, s'éloignant.

Il a raison!

CHANTECLER.

...de mettre à point sa pêche;
La grappe...

LE BOURDONNEMENT, se perdant parmi les feuilles.

Il a raison!

CHANTECLER.

...de mûrir sur le cep!

Il remonte avec la Faisane.

Partons!

Redescendant avec colère.

Mais je veux dire encore à toutes ces P...

La Faisane lui met son aile sur le bec.

Oules!... qu'ils vont s'enfuir, tous ces Coqs peu sincères,
Vers les mangeoires d'or qui leur sont nécessaires,
Dès qu'on criera de loin :

Il imite la voix de ceux qui jettent du grain.

« Petits! petits! petits! »
Car tous ces charlatans n'ont que des appétits!

LA FAISANE, l'emmenant.

Viens! viens!

UNE POULE.

Elle l'enlève!

CHANTECLER.

Oui!

Redescendant.

Mais il faut encore
Que je dise à ce Paon...

Montrant la Pintade.

devant cette pécore...

LA PINTADE ravie.

Il m'insulte chez moi! c'est sensationnel!

CHANTECLER, au Paon.

Faux brave que la Mode a pris pour colonel,
Vous marchez dans la peur dont votre gorge est bleue
De paraître en retard aux yeux de votre Queue;
Mais, poussé tout le temps par tous ces yeux qu'elle a,
Vous tomberez, et vous irez finir dans la
Fausse immortalité que donne, faux artiste,

Imitant la façon de parler du Paon.

Le... dirai-je empailleur?

LA PINTADE, machinalement.

Oui!

CHANTECLER.

Non!... taxidermiste,
Pour employer le mot que vous auriez choisi!
Voilà, mon cher Paon.

LE MERLE.

Pan!

CHANTECLER, se retournant vers lui.

Et quant à toi...

LE MERLE.

Vas-y!

CHANTECLER.

J'y vais.

Il descend.

Toi, tu connus, par quelque matin blême,
Un Moineau de Paris : tu nous l'as dit toi-même.
C'est ce qui t'a perdu. Depuis, la peur te tient
De n'être pas toujours « très moineau-parisien »!

LE MERLE.

Mais...

CHANTECLER.

J'y vais! — Et sans soupçonner une minute
Que jamais un sifflet ne pourra dire : « Flûte »!

Voulant poser tes pieds, toi, le Merle des bois,
Comme si tu marchais sur le pavé de bois,
Désormais...

LE MERLE.

Je...

CHANTECLER.

J'y vais! j'y vais!—...toujours, sans trêve,
Moineautant jour et nuit, moineautant même en rêve,
Condamné par toi-même à moineauter sans fin,
Pour faire le moineau tu feras le serin!

LE MERLE.

Mais...

CHANTECLER.

O touchants efforts d'un oiseau de province!
— Pour dire avec l'accent faubourien : « Mon prince! »
C'est en vain que tu mets ton gros bec de travers.
Tu veux cueillir les mots d'argot? Ils sont trop verts!
Chaque grain que tu prends te crève aux mandibules :
Les raisins de Paris sont des grappes de bulles!
N'ayant pris au Moineau que son truc et son tic,
Tu n'es qu'un sous-farceur et qu'un vice-loustic.
Dans ton gros habit noir tu refais en moins juste
Les tours du clown divin dont tu n'es que l'Auguste!
Tu nous ressers les vieux pyrrhonismes jobards
Qu'on trouve en picorant les miettes des grands bars?
Pauvre petit oiseau qui croit qu'il nous épate
En venant réciter sa nouvelle à la patte!
Les Rivarol manqués s'appellent Calino.

LE MERLE.

Mais...

CHANTECLER.

J'y vais! — Ah! tu veux imiter le Moineau?
Mais, lui, qui n'admet pas que, sournoisement rosse,
De la désinvolture on fasse un sacerdoce
Et que l'on soit espiègle avec autorité,
Il n'est pas le pédant de la légèreté!

Rieur des buissons bas qui jamais ne t'élance,
Toi, tu veux imiter?...

A un des Coqs exotiques, qui, derrière lui, caquète.

Coq du Japon, silence!
Ou bien je vous rabats votre kakémono!...

LE COQ DU JAPON.

Ah! permettez!...

CHANTECLER, continuant, au Merle.

Tu veux imiter le Moineau,
Qui, toujours ouvrant l'aile au moment qu'il s'esclaffe,
Va souligner ses mots d'un fil de télégraphe?...
Eh bien, je ne veux pas te faire de chagrin,
Mais — j'entends les moineaux lorsqu'ils pillent mon grain! —
Tu n'y es pas du tout! On voit luire l'œil rose
Du lapin que l'esprit, quand tu l'attends, te pose!

LE MERLE, abasourdi.

Il parle argot?

CHANTECLER.

Je parle tout, étant le Coq,
Depuis la langue d'Oc jusqu'à la langue toc!

LE MERLE.

Toc?

CHANTECLER.

Ton bagout, c'est du chiqué!

LE MERLE.

Chiqué?

CHANTECLER.

De pauvre!
L'article de Paris qu'on fabrique en Hanovre!
Le sinistre plaqué des bazars!

LE MERLE, ahuri.

Le plaqué?

CHANTECLER.

Et d'un bazar qui n'est pas même au coin du quai!

LE MERLE.

Comment! c'est en blaguant maintenant, qu'il me gifle?

CHANTECLER.

Le meilleur des siffleurs, c'est un chanteur qui siffle!

LE MERLE.

Mais...

CHANTECLER.

Tu m'as dit : « Vas-y! » J'y vais. Ça te vexa?

LE MERLE.

Je...

CHANTECLER.

Le Chef de Rayons te sert. — Et avec ça?

LE MERLE, *vivement.*

Rien!

Il veut s'éloigner.

CHANTECLER, *le suivant.*

Tu veux imiter le Moineau? Mais sa blague
N'est pas une prudence, un art de rester vague,
Un élégant moyen de n'avoir pas d'avis :
Il a toujours des yeux furieux ou ravis.
Et veux-tu, maintenant, la clef d'or qui remonte
Comme un joujou charmant sa blague jeune et prompte?
Le veux-tu, le secret par quoi ce camelot
Sait nous cambrioler le cœur avec un mot,
De sorte qu'il n'est rien, à lui, qu'on ne pardonne?
— « Le voulez-vous?... Un sou? deux sous? Non, je le donne
Demandez le secret du Moineau de Paris! »
C'est que ses cris railleurs sont des cris attendris,
C'est qu'il est libre et fier, c'est qu'il croit, c'est qu'il aime,
C'est que, seuls, les barreaux d'un balcon du cinquième
Où pour lui quelque enfant aura mis le couvert
Formeront un instant sa cage à ciel ouvert;
C'est qu'on peut être sûr qu'il a l'âme gamine
Puisqu'il a gaminé lorsqu'il criait famine;
Non fameux : « Oh! la la! » qui nargue le passant
S'est qu'un cri de douleur dont on changea l'accent...

Ah! tu veux l'imiter, ce fou qui fait des niches,
Mais de l'Arc de Triomphe habite les corniches
Et les trous de la barricade?... le Moineau
Qui peut être sublime en répondant : « Guano! »
Qui chante sous le plomb et rit devant la broche?
Il faut savoir mourir pour s'appeler Gavroche!
Mais vous qui, sans gaîté parce que sans amour,
Vous êtes figuré que la mauvaise humour
Peut remplacer la bonne humeur, et qu'on détrône
Le pierrot lorsqu'on n'est qu'un nègre qui rit jaune,
Et que nous confondrons, ô lourdauds sautillants,
Vos mots d'esprit qui sont des éteignoirs brillants
Avec ces traits du cœur qui sont des étincelles,
Vous pouvez vous fouiller — si vous avez des ailes!

LA PINTADE, qui approuve tout ce qui se dit à son jour.

Ah! très bien!

UN POULET, au Merle interdit.

Tu vas te venger?

LE MERLE, prudemment.

Sur le Dindon!

A ce moment, UNE VOIX appelle :

Petits! petits! petits!

Et tous les Coqs de luxe, s'élançant vers l'irrésistible voix de la pâture, sortent en bousculade.

LA PINTADE, courant après eux.

Vous partez?

UN PADOUE, resté le dernier.

Oui... pardon...

Il s'éclipse.

LA PINTADE, au milieu du brouhaha.

On part! C'est le départ!

CHANTECLER, à la Faisane.

Viens, ma Faisane fauve!

LA PINTADE, courant à Chantecler.

Alors, vous vous sauvez?

CHANTECLER.

C'est mon chant que je sauve!

LA PINTADE, courant au Pintadeau.

Oh! mon fils, je suis dans un état!... je suis dans...

UNE POULE, criant, à Chantecler.

Et quand reviendrez-vous?

CHANTECLER, avant de sortir.

Quand vous aurez des dents!

Il part avec la Faisane.

LA PINTADE, au Pintadeau.

C'est la plus belle fête encor qu'il y ait eue!

Tourbillonnant au milieu des derniers invités qui prennent congé.

— Au revoir! — A lundi! — C'est fini!

L'HUISSIER-PIE, annonçant.

La Tortue!

Le rideau tombe.

ACTE QUATRIÈME

LA NUIT DU ROSSIGNOL

LE DÉCOR

Au milieu de la forêt.

L'asile vert cherché par tous les cœurs déçus.
L'ombre qui simplifie et la paix qui soulage.
Sous des chênes géants dont on ne sait plus l'âge,
Racines écartant leurs contreforts bossus.

Passages d'écureuils. Lapins entr'aperçus.
Dans des vallonnements où croît le tussilage,
Des champignons, parfois, se groupent en village.
Des glands tombent sans bruit, sur la mousse reçus.

Soir. Source. Un liseron. Comme on est loin du monde !
Des bouts d'une bruyère aux pointes d'une osmonde
L'araignée a tendu son piège ornemental ;

Et, noire, l'on dirait — car dans ses fils tombée
Une goutte de pluie est ovale et bombée —
Qu'elle a pris une bête à bon Dieu de cristal.

SCÈNE PREMIÈRE

Au lever du rideau, on voit, dans tout le sous-bois, à perte de vue, des lapins qui hument le soir. Moment de silence et de fraîcheur.

LES LAPINS, CHŒUR INVISIBLE DES OISEAUX.

UN LAPIN.

C'est l'heure où lentement deux Fauvettes, dont l'une
Est à capuchon noir et l'autre à mante brune,
Car l'une est des jardins et l'autre est des roseaux,
Vont dire l'oraison du soir...

UNE VOIX, dans les branches.

Dieu des oiseaux !

UNE AUTRE.

Ou plutôt — car il sied avant tout de s'entendre
Et le vautour n'a pas le Dieu de la calandre ! —
Dieu des petits oiseaux !...

MILLE VOIX, dans les feuilles.

Dieu des petits oiseaux !...

LA PREMIÈRE VOIX.

Qui pour nous alléger mis de l'air dans nos os
Et pour nous embellir mis du ciel sur nos plumes,
Merci de ce beau jour, de la source où nous bûmes,
Des grains qu'ont épluchés nos becs minutieux,
De nous avoir donné d'excellents petits yeux
Qui voient les ennemis invisibles des hommes,
De nous avoir munis, jardiniers que nous sommes,
De bons petits outils de corne, blonds ou noirs,
Qui sont des sécateurs et des échenilloirs...

LA DEUXIÈME VOIX.

Demain, nous combattrons les chardons et les nielles :
Pardonnez-nous, ce soir, nos fautes vénielles
Et d'avoir dégarni deux ou trois groseilliers.

LA PREMIÈRE VOIX.

Pour que nous dormions bien, il faut que vous ayez
Soufflé sur nos yeux ronds que ferment trois paupières.
Seigneur, si l'homme injuste, en nous jetant des pierres,
Nous paye de l'avoir entouré de chansons
Et d'avoir disputé son pain aux charançons,
Si dans quelque filet notre famille est prise,
Faites-nous souvenir de Saint François d'Assise
Et qu'il faut pardonner à l'homme ses réseaux
Parce qu'un homme a dit : « Mes frères les oiseaux » !

LA DEUXIÈME VOIX, sur un ton de litanie.

Et vous, François, grand Saint, bénisseur de nos ailes...

DES MILLIERS DE VOIX, dans les feuilles.

Priez pour nous !

LA VOIX.

Prédicateur des Hirondelles,
Confesseur des Pinsons...

TOUTES LES VOIX.

Priez pour nous !

LA VOIX.

Rêveur
Qui crûtes à notre âme avec tant de ferveur
Que notre âme, depuis, se forme et se précise...

TOUTES LES VOIX.

Priez pour nous !

LA PREMIÈRE VOIX.

Obtenez-nous, François d'Assise,
Le grain d'orge...

LA DEUXIÈME VOIX.

Le grain de blé...

UNE AUTRE VOIX.

Le grain de mil !

LA PREMIÈRE VOIX.

Ainsi soit-il!

TOUTES, dans un susurrement qui court jusqu'au bout de la forêt.

Ainsi soit-il!

CHANTECLER, sorti depuis un moment du creux d'un grand arbre.

Ainsi soit-il!

L'ombre est devenue plus bleue. Un rayon de lune traverse la toile d'araignée, qui semble tamiser de la poudre d'argent. La Faisane sort à son tour de l'arbre et s'avance à petits pas derrière Chantecler.

SCÈNE II

CHANTECLER, LA FAISANE, parfois des LAPINS, de temps en temps LE PIVERT.

CHANTECLER.

— Maintenant, la fougère est de lune baignée;
Maintenant...

UNE PETITE VOIX TREMBLANTE.

Soir, espoir!

LA FAISANE.

Merci, bonne Araignée!

CHANTECLER.

Maintenant...

LA FAISANE, tout à fait derrière lui.

Tu pourrais m'embrasser, maintenant!

CHANTECLER.

Tous ces lapins qui nous regardent, c'est gênant!

La Faisane bat brusquement des ailes. Les lapins, effrayés, disparaissent : de tous côtés, des derrières blancs s'engouffrent dans les terriers.

LA FAISANE, revenant à Chantecler.

Voilà!

Ils se becquètent.

Tu l'aimes, ma forêt?

CHANTECLER.

Elle m'est chère,
Puisque j'ai retrouvé mon chant dès sa lisière.
— Branchons-nous, car demain je chante très tôt.

LA FAISANE, impérieuse.

Mais
Un seul chant!

CHANTECLER.

Oui.

LA FAISANE.

Depuis un mois, je n'en permets
Qu'un seul!...

CHANTECLER, résigné.

Oui.

LA FAISANE.

Le Soleil monte-t-il moins?

CHANTECLER, concédant.

Il monte!

LA FAISANE.

Tu vois qu'on peut avoir l'Aurore à meilleur compte!
— Pour un seul chant le ciel est-il moins cramoisi?

CHANTECLER.

Non.

LA FAISANE.

Alors?...

Tendant son bec.

Un baiser...

Trouvant le baiser trop vague.

Tu n'y es pas... Sois-y!

Et revenant à son idée.

Pourquoi te surmener? Tu gaspillais ton cuivre!
C'est très joli, le jour; mais, enfin, il faut vivre!

Ah! les mâles! si nous n'étions pas là, voilà
Comme ils seraient dupés!

CHANTECLER avec conviction.

Oui, mais vous êtes là!

LA FAISANE.

Et, d'ailleurs, quand je dors, c'est de la barbarie
Que de coqueliner cent fois.

CHANTECLER, rectifiant doucement.

Riquer, chérie.

LA FAISANE.

On dit : « Coqueliner ».

CHANTECLER.

« Riquer ».

LA FAISANE, levant la tête vers le haut de l'arbre, et appelant.

Monsieur Pivert!

À Chantecler.

Je consulte l'oiseau qui porte un habit vert.

Au Pivert, qui vient d'apparaître à mi-corps dans un trou rond qui est au haut de l'arbre. Il a un frac amande, un gilet tilleul et une calotte rouge.

Dit-on : « Je coqueline », ou bien : « Je coquerique »?

LE PIVERT, abaissant un long bec doctoral.

Les deux!

CHANTECLER et LA FAISANE, se tournant l'un vers l'autre, d'un air triomphant.

Ah!

LE PIVERT.

« Line » est tendre et « rique » est plus lyrique.

Il disparaît.

CHANTECLER.

C'est pour toi que je coque...line.

LA FAISANE.

Oui, mais quand vous
« Riquez », c'est pour l'Aurore!

CHANTECLER, marchant vers elle.

Oh! ça, c'est du jaloux!

LA FAISANE, reculant coquettement.

M'aimes plus qu'Elle?

CHANTECLER, l'avertissant d'un cri.

Ay! un filet!

LA FAISANE, sautant de côté.

Prêt à s'abattre!

En effet, il y a, contre un arbre, un filet dressé.

CHANTECLER, le considérant.

Diable!

LA FAISANE.

Engin prohibé. Loi de Quarante-Quatre.

CHANTECLER, riant

Comment, tu sais ça, toi?

LA FAISANE.

Vous semblez oublier
Que vous avez l'honneur d'adorer un gibier!

CHANTECLER, avec un peu de mélancolie.

Nous sommes, il est vrai, de différentes races!

LA FAISANE, revenue d'un saut contre lui.

Plus qu'Elle je voudrais que tu m'adores!

LE PIVERT, reparaissant.

... Rasses!

CHANTECLER, levant la tête.

Oh! pas dans un duo d'amour!

LA FAISANE, au Pivert.

Dites donc, vous!
Tâchez, une autre fois, de frapper vos trois coups!

LE PIVERT, disparaissant.

Bien!

LA FAISANE, à Chantecler.

Il met trop son bec entre l'arbre et l'écorce;
Mais c'est un grand savant, très fort.

CHANTECLER, distrait.

Sur quoi, sa force?

LA FAISANE.

Sur le langage des oiseaux!

CHANTECLER.

Ah?

LA FAISANE.

Car, tu sais,
Les oiseaux, pour prier, parlent en vers français;
Mais ils ont, pour parler entre eux dans les cépées,
Un patois cristallin fait d'onomatopées.

CHANTECLER.

Ils parlent japonais.

Le Pivert frappe de son bec trois petits coups : Toc! toc! toc! sur le bois de l'arbre.

Entrez!

LE PIVERT, apparaissant indigné.

Japonais?

CHANTECLER.

Oui :
Les uns disent : « Tio! tio! » et les autres : « Tzoui! tzoui! »

LE PIVERT.

Les oiseaux parlent grec depuis Aristophane!

CHANTECLER, s'élançant vers la Faisane.

Ah! pour l'amour du grec!...

Ils se becquettent.

LE PIVERT.

Sachez, jeune profane,
Que le cri du traquet rieur : « *Oui-ouis-tra-tra* »,
Est la corruption du mot Lysistrata!

Il disparaît.

LA FAISANE, à Chantecler.

Tu n'aimeras jamais que moi?

On entend : Toc! toc! toc!

CHANTECLER.

Entrez!

LA FAISANE, à Chantecler.

Parole?...

LE PIVERT apparaît, hochant son bonnet.

« *Tiri-Para!* » chante aux roseaux la rousserolle.
Du grec : « *Para,* le long ». Sous-entendu : « De l'eau ».

Il disparaît.

CHANTECLER, à la Faisane.

Il est coiffé du grec!

LA FAISANE.

Dame! il a pour calot
Un petit bonnet grec!

Revenant à son idée.

Suis-je tout pour toi?

CHANTECLER.

Certes!
Mais...

LA FAISANE.

Dans ma robe orientale à manches vertes,
Je t'apparais comment?

CHANTECLER.

Comme un ordre vivant
De toujours adorer ce qui vient du Levant!

LA FAISANE, qui commence à s'énerver.

Laisse un peu ton aurore incertaine, et préfère
Celle que dans mes yeux tu es plus sûr de faire!

CHANTECLER.

Je n'oublierai jamais, cependant, qu'un matin
Nous avons été deux à croire à mon destin,
Et qu'à l'heure héroïque où l'amour vient d'éclore
Tu me passais ton or pour l'Aurore!

LA FAISANE, impatientée.

Ah! l'Aurore!
Prends garde! Je ferai des bêtises!...

Elle remonte.

CHANTECLER, sèchement.

Fais-en!

LA FAISANE.

J'ai rencontré dans la clairière...

Elle s'interrompt, à dessein.

CHANTECLER la regarde, pousse un cri.

Le Faisan?

Et avec une violence subite.

Jure-moi de ne plus aller dans la clairière!

LA FAISANE, qui sent qu'elle le tient, bondissant vers lui.

Et jure-moi de m'aimer plus que la Lumière!

CHANTECLER, douloureusement.

Oh!...

LA FAISANE.

De ne plus chanter...

CHANTECLER.

Qu'un chant! Ça, c'est promis!

On entend : Toc! toc! toc!

Entrez!

LE PIVERT, apparaissant, et, du bec, désignant le filet.

Le piège! c'est le fermier qui l'a mis!
Il a dit qu'il prendrait la Faisane.

LA FAISANE.

Il se vante!

LE PIVERT, à la Faisane.

Et qu'il vous garderait à la ferme...

LA FAISANE, indignée.

Vivante!...

A Chantecler, d'un ton de reproche

A ta ferme!...

CHANTECLER, voyant un lapin qui a reparu sur le seuil de son terrier.

Allons, bon! un lapin qui ressort!

LE LAPIN, criant à la Faisane, en lui montrant le filet.

Vous savez, quand on met le pied sur le ressort...

LA FAISANE, d'un ton supérieur, au Lapin.

Je connais les filets, mon petit... ça se ferme.
Et d'ailleurs, je n'ai peur que des chiens...

A Chantecler.

A ta ferme...
Que tu regrettes !

CHANTECLER, du ton de l'innocence outragée.

Moi ?

LA FAISANE, au Lapin, en lui donnant une tape de son aile pour le faire rentrer.

Que des chiens ! — Et, tenez !
Il faut que j'aille un peu, pour leur brouiller le nez,
Croiser mes pas dans l'herbe et dans les vinaigrettes !

CHANTECLER.

Oui, va brouiller le nez des chiens !

LA FAISANE remonte pour sortir, puis revenant.

Tu la regrettes,
Ta ferme ?

CHANTECLER.

Moi ?... Moi ?...

Elle sort. Il répète encore, avec indignation ;

Moi ?...

en la suivant des yeux. Puis, à mi-voix, au Pivert.

Elle ne revient pas ?

LE PIVERT, qui voit au loin du haut de son arbre.

Non !

SCÈNE III

CHANTECLER, LE PIVERT.

CHANTECLER, vivement.

Fais le guet ! On va me parler de là-bas !

LE PIVERT, curieux.

Qui ?

CHANTECLER.

Le Merle !

LE PIVERT.

J'ai cru qu'il te détestait ?

CHANTECLER.

Presque.
Mais tout s'arrange avec l'esprit merlenoiresque,
Et ça l'amuse de me renseigner un peu !

LE PIVERT, stupéfait.

Il va venir, lui ?

CHANTECLER, tout différent depuis que la Faisane est sortie, léger, presque gamin.

Non. Mais le liseron bleu
Qui s'ouvre dans sa cage au milieu des glycines
Correspond, par les fils souterrains des racines,
A ce liseron blanc qui tremble au bord de l'eau :

Il se dirige vers le liseron.

De sorte qu'en parlant dans le calice...

Il plonge son bec dans un des cornets laiteux et tremblants.

Allô !

LE PIVERT, hochant la tête, à lui-même.

Du grec : « *Allos*, un autre »... On parle avec un autre !

CHANTECLER.

Allô ! le Merle ?

LE PIVERT, faisant le guet.

Quelle imprudence est la vôtre !
Parmi les liserons choisir juste celui...

CHANTECLER, de plus en plus gai, revenant vers le Pivert.

Mais c'est le seul qui reste ouvert toute la nuit !
Quand le Merle répond, l'Abeille qui sommeille
Dans la fleur se réveille, et nous nous...

L'ABEILLE DU LISERON.

Vrrr !

CHANTECLER, courant alertement au liseron.

L'Abeille !

Achevant, au Pivert.

..Nous nous liseronnons !

LE PIVERT, choqué du néologisme.

Vous vous liseronnez ?

CHANTECLER, qui écoute, dans le cornet.

Ah !... ce matin ?...

LE PIVERT, curieux.

Quoi donc ?

CHANTECLER, d'une voix soudain émue.

Trente poussins sont nés !

Il écoute de nouveau.

Briffaut malade ?...

Comme si quelque chose l'empêchait d'entendre.

Oh ! des libellules ! Leurs ailes
Crépitent !...

Il crie :

Ne coupez donc pas, Mesdemoiselles !

Il écoute.

Et le grand Jules force à braconner Patou ?

Au Pivert.

Ah ! si tu connaissais Patou !...

Il se replonge dans le liseron.

Ah ?... sans moi tout
Va mal ?... Oui...

Satisfait.

Le gâchis !...

LE PIVERT, qui fait toujours le guet, crie soudain, à voix basse.

La Faisane !

CHANTECLER, toujours dans le liseron.

Ah ?...

LE PIVERT, s'agitant désespérément.

Arrête !

CHANTECLER.

Les Canards ont passé la nuit sous la charrette?...

LE PIVERT.

Pst!

SCÈNE IV

Les Mêmes, LA FAISANE.

LA FAISANE, qui vient d'entrer, avec un geste de menace, au Pivert.

Rentrez!

Le Pivert rentre précipitamment. Elle écoute Chantecler.

CHANTECLER, dans le liseron, de plus en plus intéressé.

Ah! tiens? Qui, tous?... Oui?... Non?... Oh!... Hé!... Ah?

LE PIVERT, qui a reparu timidement, à part.

Qu'il mette une fourmi sur sa langue!

CHANTECLER, dans le liseron.

Déjà?

Le Paon démodé?

LE PIVERT, essayant de l'avertir par derrière la Faisane.

Pst!

LA FAISANE, se retournant furieuse.

Vous!

Le Pivert rentre précipitamment en se cognant la tête.

CHANTECLER, dans le liseron.

Un vieux Coq?... J'espère

Que les Poules?...

Avec des intonations progressivement rassurées.

Ah! bien!... ah! bien!... ah! bien!

Il conclut avec un soulagement évident.

Un père!

Comme répondant à une question qu'on lui a posée.

Si je chante?... Oui... mais loin d'ici, près des étangs.

LA FAISANE.

Hein?

CHANTECLER, avec un peu d'amertume.

Les Faisanes d'or n'admettent pas longtemps
Que d'un effort trop dur une gloire s'achète :
Je vais donc travailler à l'aurore en cachette!

LA FAISANE, s'avançant menaçante derrière lui.

Oh!

CHANTECLER, dans le liseron.

Dès que le bel œil qui m'enivre...

LA FAISANE, s'arrête.

Ah!

CHANTECLER.

...se clôt,
Dès qu'elle dort, délicieuse...

LA FAISANE, ravie.

Ah!

CHANTECLER.

Je file!

LA FAISANE, furieuse.

Oh!

CHANTECLER.

Je vais, dans la rosée, au loin, chanter le nombre
De chants qu'il faut; et quand je sens vaciller l'ombre,
— Oui, quand il ne me reste à frapper qu'un seul chant, —
Je reviens, et sans bruit, vite, me rebranchant,
J'éveille la Faisane en le chantant près d'elle.
Trahi par la rosée?... Oh! non,

Il rit.

car d'un coup d'aile
J'époussette mes pieds tout argentés d'aiguail...

LA FAISANE, derrière lui.

Vous époussetez?...

CHANTECLER, se retournant.

Ay!...

Dans le liseron.

Non... rien... je... plus tard!...Ay!

LA FAISANE, violente.

Ainsi, non seulement tu te réintéresses
A la fidélité de tes vieilles maîtresses!...

CHANTECLER, évasif.

Oh!

LA FAISANE.

Mais encor...

CHANTECLER.

Je...

L'ABEILLE DU LISERON.

Vrrr!

CHANTECLER, mettant son aile sur le liseron.

Je...

L'ABEILLE DU LISERON, s'obstinant sous l'aile de Chantecler.

Vrrrrr!

LA FAISANE.

Vous me trompiez
Jusqu'à penser à vous épousseter les pieds!

CHANTECLER.

Mais...

LA FAISANE.

Ce rustre, tenez, qu'on a pris sur sa meule...
Et l'on ne pourrait pas dans son âme être seule!

CHANTECLER, se redressant.

Quand on habite une âme, il vaut mieux, crois-le bien,
S'y rencontrer avec l'Aurore — qu'avec rien!

LA FAISANE, révoltée.

Non! c'est le grand amour que l'Aurore m'enlève!

CHANTECLER.

Il n'est de grand amour qu'à l'ombre d'un grand rêve!
Comment ne veux-tu pas qu'il coule plus d'amour
D'un cœur qui par métier doit s'ouvrir chaque jour?

LA FAISANE, allant et venant rageusement.

Je veux tout balayer de ma plume alezane,
Moi!

CHANTECLER.

Qui donc êtes-vous, vous?

Ils sont maintenant dressés l'un contre l'autre, se bravant du regard.

LA FAISANE.

Je suis la Faisane
Qui du mâle superbe a pris les plumes d'or!

CHANTECLER.

Vous n'en restez pas moins une femelle encor
Pour qui toujours l'idée est la grande adversaire!

LA FAISANE, criant.

Serre-moi sur ton cœur, et tais-toi!

CHANTECLER, dans une étreinte brutale.

Je te serre,
Oui, sur mon cœur de Coq!

Et avec un regret infini.

Mais c'eût été meilleur
De te serrer contre mon âme d'Éveilleur!

LA FAISANE.

Me tromper pour l'Aurore! — Eh bien, quoi qu'il t'en coûte
Trompe-la pour moi!

CHANTECLER.

Moi! Comment?

LA FAISANE, frappant le sol du pied, et d'un ton capricieux.

Je veux...

CHANTECLER, épouvanté.

Écoute...

LA FAISANE.

...Que tu restes un jour sans chanter!

CHANTECLER.

Moi!

LA FAISANE.

Je veux

Que tu restes un jour sans chanter!

CHANTECLER.

Mais, grands dieux!
Laisser sur la vallée, au loin, l'ombre installée?...

LA FAISANE, boudeuse.

Oh! quel mal cela peut-il faire à la vallée?

CHANTECLER.

Tout ce qui trop longtemps reste dans l'ombre et dort
S'habitue au Mensonge et consent à la Mort!

LA FAISANE.

Reste un jour sans chanter,

D'une voix mauvaise ;

ça m'ôtera des doutes!

CHANTECLER, tressaillant.

Je vois ce que tu veux!

LA FAISANE.

Moi, ce que tu redoutes!

CHANTECLER, vivement.

Je chanterai toujours!

LA FAISANE.

Et si tu te trompas?
Si l'aube vient sans toi?

CHANTECLER, avec une résolution farouche.

Je ne le saurai pas!

LA FAISANE, larmoyant soudain.

Tu peux oublier l'heure, une fois, si je pleure?

CHANTECLER.

Non!

LA FAISANE.

Rien ne peut jamais te faire oublier l'heure?

CHANTECLER.

Rien! Je sens trop sur moi peser l'obscurité!

LA FAISANE.

Tu sens peser?... Veux-tu savoir la vérité?
Tu veux chanter pour l'aube, et c'est pour qu'on t'admire!
Chanteur, va!...

Avec une pitié méprisante.

Mais tes pauvres notes font sourire
La forêt qui connaît les bémols du bouvreuil!

CHANTECLER.

Oui, tu crois maintenant me prendre par l'orgueil,
Mais..

LA FAISANE

Ton chant ne doit pas réunir les suffrages
De quatre champignons et de trois saxifrages
Quand l'ardent loriot lance aux buissons épais
Son « *pirpiriol* »...

LE PIVERT, reparaissant.

Du grec : « *Pur, puros* »!

CHANTECLER.

Vous, la paix!

Le Pivert disparaît précipitamment.

LA FAISANE, insistant.

Et l'Écho peut sur toi faire quelques réserves
Lorsqu'il entend le grand Rossignol...

CHANTECLER.

Tu m'énerves!

Il remonte.

LA FAISANE, le suivant.

Tu l'entendis?

CHANTECLER.

Jamais.

LA FAISANE.

Ses chants sont si puissants

Que la première fois...

Elle s'arrête, frappée d'une idée.

Oh!...

CHANTECLER.

Quoi?

LA FAISANE.

Rien.

A part.

Ah! tu sens

Peser la nuit!...

CHANTECLER, redescendant.

Quoi?

LA FAISANE, avec une petite révérence ironique

Rien.

D'un ton détaché.

Branchons-nous.

Chantecler remonte pour se brancher. Alors, elle, à part.

Il ignore

Que lorsqu'un rossignol chante en un bois sonore
Et qu'on croit l'écouter cinq minutes chanter,
On a passé la nuit entière à l'écouter,
Trompé comme en un bois de légende allemande!...

CHANTECLER, ne la voyant pas revenir, redescend.

Que dis-tu?

LA FAISANE, lui riant au bec.

Rien...

UNE VOIX, dehors.

L'Illustre Coq?

CHANTECLER regardant autour de lui.

On me demande?

LA FAISANE, qui est allée du côté d'où vient la voix.

Là, dans l'herbe...

Et soudain elle recule.

Ah! mon Dieu! ce sont les...

Avec un haut-le-cœur.

Ce sont les...

Elle se cache d'un bond dans l'arbre creux, en disant

Reçois-les!

SCÈNE V

CHANTECLER, LA FAISANE cachée dans le creux de l'arbre, LES CRAPAUDS.

UN GROS CRAPAUD, surgissant de l'herbe.

Nous venons...

On aperçoit d'autres crapauds derrière lui.

CHANTECLER.

Ventrebleu ! qu'ils sont laids !

LE GROS CRAPAUD, obséquieusement.

...Pour saluer, au nom de la Forêt qui pense,
L'auteur de tant de chants...

Il a mis la main sur son cœur.

CHANTECLER, avec dégoût.

Oh ! sa main sur sa panse !

LE GROS CRAPAUD, faisant un petit saut vers lui.

Neufs !

UN AUTRE CRAPAUD, même jeu.

Clairs !

UN AUTRE CRAPAUD, même jeu.

Brefs !

UN AUTRE CRAPAUD, même jeu.

Vifs !

UN AUTRE CRAPAUD, même jeu.

Grands !

UN AUTRE CRAPAUD, même jeu.

Purs !

CHANTECLER.

Asseyez-vous, Messieurs !

Ils s'asseyent autour d'un grand cèpe comme autour d'une table.

LE GROS CRAPAUD.

Certes, nous sommes laids...

CHANTECLER, poliment.

Vous avez de beaux yeux!

LE GROS CRAPAUD, se soulevant des deux mains sur le cèpe.

Mais, Chevaliers de ce Champignon-Table-Ronde,
Nous fêterons le Parsifal qui lance au monde
Un chant sublime!

DEUXIÈME CRAPAUD.

Et vrai!

LE GROS.

Céleste!

TROISIÈME CRAPAUD.

Et terrien!

LE GROS, avec autorité.

Auprès duquel le chant du Rossignol n'est rien!

CHANTECLER, interdit.

Le chant du Rossignol?

DEUXIÈME CRAPAUD, d'un ton sans réplique.

N'est rien auprès du vôtre!

CHANTECLER, confus.

Messieurs...

LE GROS, avec un petit saut.

Il était temps qu'un autre...

DEUXIÈME CRAPAUD, même jeu.

Un autre...

TROISIÈME CRAPAUD, même jeu.

Un autre...

QUATRIÈME CRAPAUD.

Un autre chant étrange...

CINQUIÈME CRAPAUD, vivement, à son voisin.

Et surtout étranger!...

LE GROS.

Vînt ici tout changer!

CHANTECLER.

Ah! je vais tout changer?

TOUS.

Gloire au Coq !

CHANTECLER, de plus en plus surpris.

La forêt ne m'est pas si sévère !

LE GROS.

Fini, le Rossignol !

CHANTECLER, de plus en plus surpris.

Fini ?

DEUXIÈME CRAPAUD.

Son chant s'avère

Insignificatif !

LE GROS.

Philomélandreux !

TROISIÈME CRAPAUD.

Nul !

QUATRIÈME CRAPAUD, avec mépris.

Vieux brio !

CINQUIÈME CRAPAUD.

Et ce nom qu'il prit : Bulbul !

TOUS, pouffant de rire, en sautillant.

Bul-bul.

LE GROS.

Il fait comme ça :

Parodiant le chant du Rossignol :

« Tio ! Tio ! »

DEUXIÈME CRAPAUD.

Il n'a pour ressource

Qu'un vieux trille d'argent plagié de la source !

Il imite aussi d'une façon grotesque le chant du Rossignol

« Tio ! »

CHANTECLER.

Mais...

LE GROS, vivement.

Ne défends pas, toi qui rénoves l'Art,

Ce pontife du gargarisme sensiblard !

DEUXIÈME CRAPAUD.

Ce vieux ténor fêtant par une cavatine
Son éternel été de la Saint-Lamartine !

TROISIÈME CRAPAUD.

Ce « Prends-ton-luth » qui file encor l'arioso !

CHANTECLER, indulgent.

Que voulez-vous, si ça l'amuse, cet oiseau!

LE GROS.

...Et fait sévir la vocalise virtuose!

CHANTECLER.

Il est clair qu'à présent nous voulons autre chose!

TROISIÈME CRAPAUD, d'un ton sans réplique.

Ton chant vrai démasqua l'artifice des siens!

TOUS, dans une explosion

A bas Bulbul !

CHANTECLER, qu'ils ont peu à peu entouré.

Messieurs et chers Batraciens...
Ma voix lance, il est vrai, des notes naturelles...

LE GROS.

Oui, tu nous fais pousser des ailes!

CHANTECLER, modestement.

Oh !

TOUS, se trémoussant comme pour s'envoler.

Des ailes!

LE GROS.

Mais en chantant la Vie!

CHANTECLER.

En effet...

DEUXIÈME CRAPAUD.

Oui, mon cher,
La Vie!

CHANTECLER, avec abandon.

Et c'est pourquoi mon panache est en chair!

TOUS LES CRAPAUDS, applaudissant avec leurs petites mains.

Bravo ! — Très bien !

LE GROS.

Cette formule est un programme !

DEUXIÈME CRAPAUD.

Puisqu'on est réunis autour d'un cryptogame,
Si l'on offrait au chef...

CHANTECLER, se défendant.

Messieurs !...

DEUXIÈME CRAPAUD.

...qui nous manquait,
Un banquet ?

TOUS, frappant sur le champignon avec enthousiasme.

Un banquet !

LA FAISANE, sortant sa tête du creux de l'arbre.

Qu'est-ce donc ?

CHANTECLER, tout de même un peu flatté.

Un banquet !

LA FAISANE, légèrement ironique.

Vous acceptez ?

CHANTECLER.

Mon Dieu !... les tendances nouvelles...
L'Art... la Forêt qui pense...

Il désigne les Crapauds.

Oui, j'ai donné des ailes...

D'un ton dégagé.

Fini, le Rossignol !... vieux trille... vieux brio !...
Il fait...

Aux Crapauds.

Comment fait-il ?

TOUS LES CRAPAUDS, grotesquement.

« Tio ! Tio ! »

CHANTECLER, à la Faisane, avec une indulgente pitié.

Il fait : « Tio ! Tio ! »

Et je crois que je peux accepter sans scrupules...

UNE VOIX, dans l'arbre, au-dessus de lui, fait éclater une longue note émouvante et limpide.

Tio!

Silence.

CHANTECLER a tressailli, et levant la tête :

Qu'est-ce?

LE GROS CRAPAUD, vivement et gêné.

Rien! C'est lui!

LA VOIX, lentement et merveilleusement, avec le soupir d'une âme entre chaque note.

Tio! Tio! Tio!... Tio!

CHANTECLER, se tournant vers les Crapauds.

Crapules!

LES CRAPAUDS, reculant.

Hein?

SCÈNE VI

LES MÊMES, LE ROSSIGNOL, invisible, et, peu à peu, TOUTES LES BÊTES DE LA FORÊT.

LE ROSSIGNOL, dans l'arbre, de sa voix haletante.

Je sens, tout petit, perdu dans l'arbre noir,
Que je vais devenir l'immense cœur du soir!

CHANTECLER, marchant vers les Crapauds.

Vous osez...

LES CRAPAUDS, reculant.

Mais...

LE ROSSIGNOL.

...La lune enchante la ravine!

CHANTECLER.

...Comparer mon chant rude à cette voix divine?
Crapules de Crapauds ! — Et je ne voyais pas
Qu'on lui faisait ici ce qu'on m'a fait là-bas !

LE GROS CRAPAUD, se gonflant soudain.

Eh bien, oui !...

LE ROSSIGNOL.

Les vapeurs tremblent comme des tulles..

LE GROS CRAPAUD, glorieusement.

Nous sommes les Crapauds chamarrés de pustules !

Et tous, maintenant, se dressent, gonflés, entre l'arbre et Chantecler.

CHANTECLER.

Je n'ai pas vu, moi qui n'ai jamais envié,
La table vénéneuse où j'étais convié !

LE ROSSIGNOL.

Qu'importe ! Tôt ou tard, toi le fort, moi le tendre,
Nous devions, par-dessus les Crapauds, nous entendre !

CHANTECLER, religieusement.

Chante !...

UN CRAPAUD, qui s'est traîné en hâte au pied de l'arbre où le Rossignol chante.

Engluons l'écorce avec nos petits bras,
Et bavons sur le pied de l'arbre !

Ils rampent tous vers l'arbre.

CHANTECLER, essayant d'arrêter l'un d'eux qui lourdement se hâte.

N'as-tu pas
Toi-même, pour chanter, Crapaud, une voix pure?

LE CRAPAUD, avec l'accent de la plus sincère souffrance.

Oui... mais quand j'en entends une autre, je suppure !

Et il rejoint ses frères.

LE GROS CRAPAUD, comme mâchonnant une écume.

Il nous vient sous la langue on ne sait quels savons,

Et...

A son voisin.

Tu baves?

L'AUTRE.

Je bave!

UN AUTRE.

Il bave...

TOUS.

Nous bavons!

UN CRAPAUD, passant tendrement son bras autour du cou d'un retardataire.

Viens baver!

CHANTECLER, au Rossignol.

Mais ils vont gêner ton chant suave?

LE ROSSIGNOL, fièrement.

Non! Je prends leur refrain dans ma chanson, et...

LE GROS CRAPAUD, caressant la tête d'un petit.

Bave!

LES CRAPAUDS, tous ensemble, au pied de l'arbre, qu'ils entourent d'un cercle grouillant.

C'est nous qui sommes les Crapauds!

LE ROSSIGNOL

...Et j'en fais une Villanelle!

LES CRAPAUDS.

Nous crevons dans nos vieilles peaux!

LE ROSSIGNOL.

Et moi, je chante sans repos,
Tout en laissant pendre mon aile!

LES CRAPAUDS.

C'est nous qui sommes les Crapauds!

Et la Villanelle continue, formée par les voix alternées, dont l'une fait la chanson, toujours plus haute et plus enivrée, et les autres le refrain, toujours plus envieux et plus bas.

LE ROSSIGNOL et LES CRAPAUDS, alternant.

Je chante! Car les ciels trop beaux,
Le soir qui tient, dans la venelle...
— Nous crevons dans nos vieilles peaux! —

...De trop voluptueux propos;
L'air qui sent trop la pimprenelle...
— C'est nous qui sommes les Crapauds! —

L'amour trop sûr de ses appeaux,
Forcent mon âme trop charnelle...
— Nous crevons dans nos vieilles peaux! —

...A livrer les secrets dépôts
Qu'un dieu terrible a mis en elle!
— C'est nous qui sommes les Crapauds! —

J'ai dans mon cœur tous les sanglots,
Tous les pays dans ma prunelle...
— Nous crevons dans nos vieilles peaux! —

Je vis, je meurs à tout propos :
Je suis la Chanson Éternelle!
— C'est nous qui sommes les Crapauds! —

CHANTECLER, entraîné dans le rythme.

Ah! je n'ai, près de ces pipeaux,
Qu'une voix de Polichinelle!
Chante... Ils reculent!

LES CRAPAUDS, qui reculent en effet, dispersés par le chant vainqueur.

...vieilles peaux!

CHANTECLER.

Ils iront bouillir dans des pots
De sorcière criminelle,
Car ils ne sont que des...

LES CRAPAUDS, déjà sous les buissons.

...crapauds!

CHANTECLER.

Mais toi! les Bêtes, en troupeaux,
Viennent boire à ta villanelle :
Tout s'approche!... On voit...

LA VOIX DES CRAPAUDS, se perdant dans les herbes.

...eilles peaux!

CHANTECLER.

...Venir, sur le bout des sabots,
Une biche un peu solennelle
Qu'un loup suit à pas de loup...

LES CRAPAUDS, tout à fait disparus.

... pauds!

CHANTECLER.

L'Écureuil descend des coupeaux!
La Forêt devient fraternelle!
L'Écho seul répète encor...

VAGUE NOTE, très loin.

...peaux!

CHANTECLER.

Il n'existe plus de crapauds!

Le chant règne. Il n'est plus, depuis un moment, qu'une romance sans paroles, une suite de notes éperdues.

Les vers luisants ont allumé leur petit ventre;
Toute la bonté sort, toute la haine rentre;
Ceux qui seront mangés viennent s'asseoir en rond
Sur l'herbe où sont assis ceux qui les mangeront;
L'Étoile, tout à coup, semble moins éloignée,
Et, désertant son hexagone, l'Araignée
Monte vers ta chanson en avalant son fil!

TOUT LE BOIS, dans un long gémissement d'extase.

Oh!...

Et le bois est comme enchanté, le clair de lune plus ému; les tendres feux verts des lampyres clignotent dans la mousse; et de tous les côtés, entre les fûts des arbres, glissent des ombres de bêtes charmées : des museaux pointent, des yeux luisent... Et le Pivert est à sa fenêtre d'écorce, balançant rêveusement le bec; et tous les lapins, les oreilles dressées, sont sur leur seuil d'argile.

CHANTECLER.

Quand il chante ainsi sans parler, que dit-il,
Écureuil?

L'ÉCUREUIL, d'une cime.

Les élans!

CHANTECLER.

Toi, Lièvre?

LE LIÈVRE, dans un taillis.

Les alarmes!

CHANTECLER.

Toi, Lapin?

UN DES LAPINS.

La rosée!

CHANTECLER.

Et toi, Biche?

LA BICHE, au fond du bois.

Les larmes!

CHANTECLER.

Loup?

LE LOUP, dans un doux hurlement lointain.

La lune!

CHANTECLER.

Et toi, l'Arbre à la blessure d'or,
Pin chanteur?

LE PIN, dont une branche bat vaguement la mesure.

Il me dit que ma résine encor
Ira sur les archets chanter en colophane!

CHANTECLER.

Et toi, que te dit-il, Pivert?

LE PIVERT, en extase.

Qu'Aristophane...

CHANTECLER, l'interrompant vivement.

Je sais ! — Toi, l'Araignée ?

L'ARAIGNÉE, se berçant au bout de son fil.

Il dit la goutte d'eau
Qui brille sur ma toile ainsi qu'un beau cadeau !

CHANTECLER.

Et toi, la Goutte d'Eau qui brilles sur sa toile ?

UNE PETITE VOIX, venant de la toile.

Le ver luisant !

CHANTECLER.

Et toi, le Ver Luisant ?

UNE PETITE VOIX, dans l'herbe.

L'Étoile !

CHANTECLER.

Et vous, s'il m'est permis de vous interroger,
De quoi vous parle-t-il, Étoile ?

UNE VOIX, dans le ciel.

Du Berger !

CHANTECLER.

Ah ! quelle est cette source...

LA FAISANE, qui guette l'horizon, entre les arbres.

Et la nuit est moins noire !

CHANTECLER.

...Où chacun trouve l'eau qu'il a besoin de boire ?

Écoutant avec plus d'attention.

Il me parle du jour que mon chant fait briller !

LA FAISANE, à part.

Et t'en parle si bien que tu vas l'oublier !

CHANTECLER, apercevant un oiseau qui, sorti peu à peu d'un fourré, écoute avec béatitude.

Et comment traduis-tu son poème, Bécasse ?

LA BÉCASSE.

Je ne sais pas. Mais c'est ravissant !

LA FAISANE, qui, elle, n'oublie pas de surveiller le ciel entre les branches, — à part.

La nuit passe !

CHANTECLER, au Rossignol, d'une voix découragée.

Chanter!... Mais connaissant ton cristal sans défaut,
Vais-je me contenter de mon cuivre?

LE ROSSIGNOL.

Il le faut!

CHANTECLER.

Vais-je pouvoir chanter? Mon chant va me paraître,
Hélas! trop rouge et trop brutal!

LE ROSSIGNOL.

Le mien, peut-être,
M'a semblé quelquefois trop facile et trop bleu!

CHANTECLER.

Oh! comment daignes-tu me faire cet aveu?

LE ROSSIGNOL.

Tu t'es battu pour une amie à moi, la Rose!
Sache donc cette triste et rassurante chose
Que nul, Coq du matin ou Rossignol du soir,
N'a tout à fait le chant qu'il rêverait d'avoir!

CHANTECLER, avec un désir passionné.

Oh! être un son qui berce!

LE ROSSIGNOL.

Être un devoir qui sonne!

CHANTECLER.

Je ne fais pas pleurer!

LE ROSSIGNOL.

Je n'éveille personne!

Mais après ce regret, il reprend, d'une voix toujours plus haute et plus lyrique :

Qu'importe! Il faut chanter! chanter même en sachant
Qu'il existe des chants qu'on préfère à son chant!
Chanter jusqu'à ce que...

Une détonation. Un éclair dans le hallier. Court silence. Puis, un petit corps roussâtre tombe aux pieds de Chantecler.

CHANTECLER se penche, regarde :

Le Rossignol!... Les brutes!

Et sans voir le tremblement pâle qui commence à saisir l'air, il s'écrie, dans un sanglot :

Tué!... quand il n'avait chanté que cinq minutes!

Une ou deux plumes voltigent lentement.

LA FAISANE.

Là... ses plumes...

CHANTECLER, pendant que le corps a un dernier soubresaut.

Meurs donc, petit André Chénier!

Bruit de feuilles froissées; et, d'un buisson, émerge la grosse tête ébouriffée de Patou.

SCÈNE VII

LES MÊMES, PATOU, qui sortira un moment.

CHANTECLER, à Patou.

Toi!...

Avec un reproche.

Tu viens le chercher?

PATOU, honteux.

Pardon... Ce braconnier

M'oblige...

CHANTECLER, qui s'était jeté devant le corps pour le protéger, le démasque.

Un rossignol!...

PATOU, baissant la tête.

Oui. La race méchante

Aime lancer du plomb dans un arbre qui chante!

CHANTECLER.

Vois... L'insecte creuseur de tombe est arrivé...

PATOU, reculant doucement.

Je ferai comme si je n'avais rien trouvé!

LA FAISANE, guettant toujours l'aube.

Il n'a pas vu la nuit s'enfuir...

CHANTECLER, penché vers les herbes qui commencent à remuer autour du petit corps.

Coléoptère,
Où le corps a frappé viens vite ouvrir la terre !
— Les Nécrophores noirs sont les seuls fossoyeurs
Qui savent ne jamais vous emporter ailleurs,
Pensant que la moins triste et plus pieuse tombe
C'est la terre qui s'ouvre à la place où l'on tombe !

Aux Insectes funèbres, tandis que le Rossignol commence doucement à s'enfoncer.

Creusez !

LA FAISANE, à part, regardant l'horizon.

Là-bas...

CHANTECLER.

En vérité, je vous le dis,
Bulbul verra ce soir l'Oiseau du Paradis !

LA FAISANE, à part.

Le fond blanchit...

Coup de sifflet au loin.

PATOU, à Chantecler.

Je vais revenir. On m'appelle.

Il disparaît.

LA FAISANE, qui regarde tantôt l'horizon, tantôt le Coq, avec inquiétude.

Ah ! comment lui cacher ?...

Elle s'avance tendrement vers Chantecler, l'aile ouverte, pour lui cacher le côté qui s'éclaire un peu, et profitant de sa douleur:

Viens pleurer sous mon aile !

Il met, avec un sanglot, sa tête sous l'aile consolatrice... qui se rabat vivement sur lui. Et la Faisane le berce en murmurant :

Tu vois bien que mon aile est douce... tu vois bien...

CHANTECLER, d'une voix étouffée.

Oui...

LA FAISANE, le berçant toujours et regardant de temps en temps derrière elle, d'un rapide mouvement de tête, où en est la lumière.

...Qu'une aile est un cœur déployé...

A part.

L'Aube vient!

A Chantecler.

Tu vois bien...

A part.

L'air pâlit.

A Chantecler.

...Qu'elle est...

A part.

Tout l'arbre est rose!

A Chantecler.

...Un bouclier qui berce, un manteau qui repose,
Un baiser qui finit par devenir un toit...
Tu vois bien...

Elle bondit en arrière, et écartant brusquement ses ailes :

que le jour peut se lever sans toi!

CHANTECLER, avec le plus grand cri de douleur que puisse pousser un être.

Ah!

LA FAISANE, continuant implacablement.

...que les mousses vont bientôt être écarlates!

CHANTECLER, courant aux mousses.

Ah! non, non! attendez! pas sans moi!...

Les mousses s'empourprent.

Les ingrates!

LA FAISANE.

L'horizon...

CHANTECLER, suppliant, à l'horizon.

Non!...

LA FAISANE.

...Se dore!

Tout le fond se dore en effet.

CHANTECLER, chancelant.

Ah! quelle trahison!

LA FAISANE.

On est tout pour un cœur, rien pour un horizon!

CHANTECLER, défaillant.

Ah! c'est vrai...

PATOU, qui rentre, joyeux et cordial.

Me voilà, c'est moi, je viens te dire
Qu'ils veulent tous ravoir, dans la ferme en délire,
Le Coq qui fait le jour du haut de son talus.

CHANTECLER.

Ils le croient maintenant que je ne le crois plus!

PATOU, s'arrêtant, saisi.

Comment?

LA FAISANE, se serrant âprement contre Chantecler.

Tu vois qu'un cœur qui contre vous se serre
Vaut mieux qu'un ciel auquel on n'est pas nécessaire!

CHANTECLER.

Oui!...

LA FAISANE.

Que l'ombre, après tout, vaut bien le jour lorsqu'au
Fond de l'ombre on est deux!

CHANTECLER, égaré.

Oui... oui...

Mais, tout d'un coup, il s'écarte d'elle, se redresse et d'une voix éclatante :

Cocorico!

LA FAISANE, interdite.

Pourquoi chantes-tu donc!

CHANTECLER.

Pour m'avertir moi-même,
Puisque j'ai par trois fois renié ce que j'aime!

LA FAISANE.

Et quoi donc?

CHANTECLER.

Mon métier!

A Patou.

Reprenons le sentier!

Allons-nous-en !

LA FAISANE.

Que vas-tu faire ?

CHANTECLER.

Mon métier !

LA FAISANE, avec fureur.

Quelle nuit reste-t-il à vaincre ?

CHANTECLER.

La paupière !

LA FAISANE, lui montrant la pourpre grandissante de l'Aurore.

Soit ! tu réveilleras les dormeurs...

CHANTECLER.

Et Saint Pierre !

LA FAISANE.

Mais tu vois que le jour s'est levé sans ta voix !

CHANTECLER.

Mon destin est plus sûr que le jour que je vois !

LA FAISANE, désignant le corps du Rossignol, déjà à moitié disparu dans la terre.

Pas plus que ce chanteur ta Foi ne peut renaître !

UNE VOIX, dans l'arbre, au-dessus de leurs têtes, fait tout à coup éclater la note émouvante et limpide.

Tio ! Tio !

LA FAISANE, frappée de stupeur.

Un autre chante ?

PATOU, les oreilles frémissantes.

Et mieux encor peut-être !

LA FAISANE, regardant avec effroi dans le feuillage, puis dans la petite tombe qui se creuse.

Un autre chante quand celui-ci disparaît ?

LA VOIX.

Il faut un rossignol, toujours, dans la forêt !

CHANTECLER, avec exaltation.

Et, dans l'âme, une foi si bien habituée
Qu'elle y revienne encore après qu'on l'a tuée !

LA FAISANE.

Mais si le soleil monte?

CHANTECLER.

Eh bien, c'est que dans l'air
Il avait dû rester de ma chanson d'hier!

A ce moment, des vols mous et gris passent à travers les arbres.

LES HIBOUX, ululant de joie.

Il s'est tu!

PATOU, qui a levé la tête et les suit des yeux.

Les Hiboux, fuyant la clarté neuve,
Sont rentrés dans le bois!

LES HIBOUX, regagnant leurs trous dans les vieux arbres.

Il s'est tu!

CHANTECLER, toute sa force retrouvée.

Et la preuve
Que je servais à la clarté quand je chantais,
C'est que tous les Hiboux sont gais quand je me tais!

Et marchant vers la Faisane, avec une sorte de défi.

Je fais venir l'Aurore!... et je fais plus!

LA FAISANE, suffoquée.

Vous faites?...

CHANTECLER.

Car, dans les matins gris où tant de pauvres bêtes,
S'éveillant sans y voir, n'osent croire au réveil,
Le cuivre de mon chant remplace le soleil!

Et il remonte en disant :

Allons chanter!

LA FAISANE.

Comment reprend-on du courage
Quand on douta de l'œuvre?

CHANTECLER.

On se met à l'ouvrage!

LA FAISANE, avec une colère obstinée.

Mais si tu ne fais pas se lever le matin?

CHANTECLER.

C'est que je suis le Coq d'un soleil plus lointain!

Mes cris font à la Nuit qu'ils percent sous ses voiles
Ces blessures de jour qu'on prend pour des étoiles !
Moi, je ne verrai pas luire sur les clochers
Le ciel définitif fait d'astres rapprochés;
Mais si je chante, exact, sonore, et si, sonore,
Exact, bien après moi, pendant longtemps encore,
Chaque ferme a son Coq qui chante dans sa cour,
Je crois qu'il n'y aura plus de nuit !

LA FAISANE.

Quand ?

CHANTECLER.

Un Jour !

LA FAISANE.

Va-t'en donc oublier notre forêt !

CHANTECLER.

Non certe,
Je n'oublierai jamais la noble forêt verte
Où j'appris que celui qui voit son rêve mort
Doit mourir tout de suite ou se dresser plus fort !

LA FAISANE, d'une voix qui veut être insultante.

Rentre à ton poulailler, le soir, par des échelles !

CHANTECLER.

Les oiseaux m'ont appris qu'on monte avec ses ailes !

LA FAISANE.

Va voir ta vieille Poule au fond de son panier !

CHANTECLER.

Ah ! forêt des Crapauds, forêt du Braconnier,
Forêt du Rossignol, forêt de la Faisane,
Quand elle me verra, ma vieille paysanne,
Revenir de ton ombre où l'on souffre en aimant,
Que dira-t-elle ?

PATOU, imitant la vieille voix attendrie.

« Il a grandi »...

CHANTECLER, avec force.

Certainement !

Il va pour sortir.

LA FAISANE.

Il part!... Pour les garder quand ils sont infidèles,
Des bras! des bras! des bras! — Nous n'avons que des ailes!

CHANTECLER s'arrête, et la regarde, troublé.

Elle pleure?

PATOU, vivement.

Va-t'en!

CHANTECLER, à Patou.

Reste un peu!

PATOU.

Je veux bien!
Rien ne sait regarder pleurer comme un vieux chien!

LA FAISANE, criant, à Chantecler, avec un bond vers lui.

Emmène-moi!

CHANTECLER se retourne, et d'une voix inflexible.

Veux-tu passer après l'Aurore?

LA FAISANE, dans un recul sauvage.

Jamais!

CHANTECLER.

Alors, adieu!

LA FAISANE.

Je te hais!

CHANTECLER, qui déjà s'éloigne à travers les broussailles.

Je t'adore!
Mais je servirais mal l'œuvre qui me reprend
Près de quelqu'un pour qui quelque chose est plus grand!

Il disparaît.

SCÈNE VIII

LA FAISANE, PATOU, puis LE PIVERT, LES LAPINS, et TOUTES LES VOIX DE LA FORÊT QUI S'ÉVEILLE.

PATOU, à la Faisane.

Pleurez !

L'ARAIGNÉE, dans sa toile, qui tamise maintenant l'or d'un rais de soleil.

Matin, chagrin !

LA FAISANE, furieuse, et cassant la toile d'un coup d'aile.

Tais-toi, sale Araignée !
— Ah ! puisse-t-il mourir pour m'avoir dédaignée !

LE PIVERT, qui, de sa fenêtre, suit le départ de Chantecler, tout d'un coup, avec effroi.

Le Braconnier l'a vu !

LES HIBOUX, dans les arbres.

Le Coq est en danger !

UN JEUNE LAPIN, qui se dresse pour voir ce que fait le Braconnier.

Il casse son fusil en deux !

UN VIEUX LAPIN.

Pour le charger !

PATOU, terrifié.

Va-t-il, cet assassin aux guêtres de basane,
Tirer sur un Coq ?

LA FAISANE, ouvrant ses ailes pour se lever.

Non, s'il voit une Faisane !

PATOU, se jetant devant elle.

Qu'allez-vous faire ?

LA FAISANE.

Mon métier !

Elle s'envole vers le danger..

LE PIVERT, voyant que dans son élan elle va toucher en passant le ressort du piège oublié.

Gare au filet !

Trop tard. Le réseau s'abat.

LA FAISANE, avec un cri de désespoir.

Ah !

PATOU.

Elle est prise !

LA FAISANE, se débattant dans les mailles.

Il est perdu !

PATOU, affolé.

Elle est... Il est...

Tous les lapins ont sorti la tête pour voir ce qui se passe.

LA FAISANE, criant une ardente prière.

Aube, protège-le !

LES HIBOUX, sautant de joie sur leurs branches.

Le canon luit ! luit !...

LA FAISANE.

Touche
De ton aile mouillée, Aurore, la cartouche !
Fais le pied du chasseur sur l'herbe dévier !
C'est ton Coq ! Il a chassé l'ombre et l'épervier !
Il va mourir ! — Toi, Rossignol, dis quelque chose !

LE ROSSIGNOL, dans un sanglot suppliant.

Il s'est battu pour une amie à moi, la Rose !

LA FAISANE, solennellement.

Qu'il vive ! Et je vivrai dans la cour, près du soc !
Et j'admettrai, Soleil ! abdiquant pour ce Coq
Tout ce dont mon orgueil le tourmente et l'encombre,
Que tu marquas ma place en dessinant son ombre !

Le jour grandit. Murmures de tous les côtés.

PIVERT, chantant.

L'air est bleu!

UN CORBEAU passe en croassant.

Le jour croît!

LA FAISANE.

Tout s'éveille à l'entour...

TOUS LES OISEAUX se réveillant dans la feuillée

Bonjour! Bonjour! Bonjour! Bonjour! Bonjour! Bonjour!

LA FAISANE.

Tout chante...

UN GEAI, passant comme un éclair bleu.

Ha! Ha!

LE PIVERT, hochant la tête.

Ce Geai rit d'un rire homérique!

LA FAISANE, criant au milieu de toutes les rumeurs matinales.

Qu'il vive!

LE GEAI, repassant.

Ha! Ha!

UN COUCOU, au loin.

Coucou!

LA FAISANE.

Moi, j'abdique!

PATOU, levant les yeux au ciel.

Elle abdique!

LA FAISANE.

Lumière à qui j'osai le disputer, pardon!
Éblouis l'œil cruel qui cherche le guidon!
Et que ce soit, Rayons du matin, la victoire
De votre poudre d'or...

Une détonation. Elle pousse un cri bref.

Ah!

Puis achève d'une voix éteinte :

...sur leur poudre noire!

Silence.

LA VOIX DE CHANTECLER, très éloignée.

Cocorico !

CRI DE TOUS.

Sauvé !

LES LAPINS, jaillissant gaiement de leurs terriers.

Culbutons sur le thym !

UNE VOIX, fraîche et grave, dans les arbres.

Dieu des oiseaux !...

LES LAPINS,
cessant leurs culbutes, et brusquement immobiles et recueillis.

C'est la prière du matin !

LE PIVERT, criant à la Faisane.

On vient pour le filet !...

LA FAISANE ferme les yeux, et résignée :

Soit !

LA VOIX, dans les arbres.

Dieu par qui nous sommes...

PATOU.

Chut ! Baissez le rideau, vite ! Voilà les hommes !

Il sort. Tous les animaux se cachent. La Faisane reste seule. Et, dans le filet, les ailes ouvertes, la gorge haletante, écrasée par terre, sentant le géant qui approche, elle attend.

Le rideau tombe.

Paris. — Typ. Ph. Renouard, 19, rue des Saints-Pères. — 49485.

EUGÈNE FASQUELLE, ÉDITEUR, 11, RUE DE GRENELLE

THÉATRE D'EDMOND ROSTAND

CYRANO DE BERGERAC

COMÉDIE HÉROÏQUE EN CINQ ACTES, EN VERS

REPRÉSENTÉE SUR LE THÉATRE DE LA PORTE-SAINT-MARTIN

Un volume in-18 colombier. — Prix. . . . . 3 fr. 50

L'AIGLON

DRAME EN SIX ACTES, EN VERS

REPRÉSENTÉ SUR LE THÉATRE SARAH-BERNHARDT

Un volume in-18 colombier. — Prix. . . . . 3 fr. 50

LES ROMANESQUES

COMÉDIE EN TROIS ACTES, EN VERS

REPRÉSENTÉE SUR LA SCÈNE DE LA COMÉDIE-FRANÇAISE

Un volume in-18 colombier. — Prix. . . . . 3 fr. 50

LA SAMARITAINE

ÉVANGILE EN TROIS TABLEAUX, EN VERS

REPRÉSENTÉ SUR LE THÉATRE DE LA RENAISSANCE

Un volume in-18 colombier. — Prix. . . . . 3 fr. 50

LA PRINCESSE LOINTAINE

PIÈCE EN QUATRE ACTES, EN VERS

REPRÉSENTÉE SUR LE THÉATRE DE LA RENAISSANCE

Un volume in-18 grand jésus. — Prix . . . . 2 fr. »

Paris. — Typ. PHILIPPE RENOUARD, 19, rue des Saints-Pères. — 49426

www.ingramcontent.com/pod-product-compliance
Lightning Source LLC
LaVergne TN
LVHW020554230826
846091LV00002B/494

* 9 7 8 2 0 1 3 0 7 9 5 3 2 *